Feijão

Fei

Coleção Aromas e Sabores da Boa Lembrança

A ASSOCIAÇÃO DOS RESTAURANTES DA BOA LEMBRANÇA
apresenta

jão

Texto **Danusia Barbara** Fotos **Sergio Pagano**

Aromas e Sabores da Boa Lembrança – *Feijão*
© Associação dos Restaurantes da Boa Lembrança e Danusia Barbara

Direitos desta edição reservados ao Serviço Nacional de Aprendizagem Comercial – Administração Regional do Rio de Janeiro.

Vedada, nos termos da lei, a reprodução total ou parcial deste livro.

SENAC RIO

Presidente do Conselho Regional
ORLANDO DINIZ

Diretor Regional
DÉCIO ZANIRATO JUNIOR

EDITORA SENAC RIO
Avenida Franklin Roosevelt, 126/604
Rio de Janeiro I RJ I CEP: 20.021-120
Tel.: (21) 2240-2045 – Fax: (21) 2240-9656
Depto. comercial: (21) 2582-5583
www.rj.senac.br/editora

Projeto editorial e Coordenação de produção
ANDREA FRAGA D'EGMONT

Coordenação técnica e receitas
ASSOCIAÇÃO DOS RESTAURANTES
DA BOA LEMBRANÇA

Editor
JOSÉ CARLOS DE SOUZA JÚNIOR

Texto
DANUSIA BARBARA

Concepção fotográfica, fotos e food style
SERGIO PAGANO

Produção das receitas
ASSOCIAÇÃO DOS RESTAURANTES DA BOA
LEMBRANÇA E SERGIO PAGANO

Assistente de fotografia (Rio e São Paulo)
JOSÉ PAULO CALDEIRA

Pesquisa
DANUSIA BARBARA E
ANDREA FRAGA D'EGMONT

Coordenação de prospecção editorial
MARIANNA TEIXEIRA SOARES
E MARIANA VARZEA

Coordenação editorial
KARINE FAJARDO

Padronização das receitas
CENTRO DE TURISMO E HOTELARIA DO SENAC
RIO / ADRIANA REIS

Indicação de vinhos
GUILHERME CORRÊA (*SOMMELIER*)

Design
SILVANA MATTIEVICH

Coordenação de arte
ANDRÉA AYER

Editoração eletrônica
JULIANA ANDRADE

Impressão
GRÁFICA MINISTER

1ª edição: abril de 2005

Tiragem
3.000 exemplares

É motivo de satisfação para o Senac Rio reafirmar a parceria com a Associação dos Restaurantes da Boa Lembrança neste projeto editorial que conta com a participação de renomados e criativos *chefs* de todo o Brasil. Uma obra como esta proporciona a estudantes de gastronomia, profissionais do setor e amantes da boa comida em geral não só o prazer de preparar receitas deliciosas e exclusivas, mas também a inspiração para desenvolver seu potencial criativo.

A área de gastronomia é uma das prioridades do Senac Rio por refletir uma vocação natural do Estado, que hoje se constitui em um dos pólos gastronômicos do País, abrigando grandes *chefs* e suas cozinhas. Nosso trabalho, desenvolvido por meio do Centro de Turismo e Hotelaria, tem sido o de oferecer um leque de soluções educacionais e serviços para indivíduos e organizações sintonizados com a evolução, as necessidades e as tendências do mercado.

A coleção *Aromas e Sabores da Boa Lembrança*, à qual é agora acrescentado um dos ingredientes mais apreciados do Brasil, o feijão, é mais uma dessas iniciativas. Aos parceiros e colaboradores, nosso agradecimento. A todos, um bom apetite!

ORLANDO DINIZ
Presidente do Conselho Regional do Senac Rio
Agosto de 2002

Era uma vez um alimento antiqüíssimo, delicioso, versátil, capaz de agradar a quaisquer seres. Cruzou fronteiras, atua em todas as culturas, sacia fomes e ausências, é barato, exige pouquíssimo entre seu semear, colher e saborear. Cheio de aventuras e simbologias, oferece diversidade de cores, gostos e charmes. Fonte de nutrição e saúde, nos permite ainda citar o cientista Albert Einstein, que dizia "faça tudo o mais simples, não o mais fácil possível".

Pois o feijão, da família das leguminosas de grão, é o astro que nos conduz neste segundo volume da coleção *Aromas e Sabores da Boa Lembrança*. Percorrendo pratos e receitas as mais variadas, ele se revela simples, mas não o mais fácil. É preciso conhecer seus segredos para melhor apreciá-lo. Elemento básico na alimentação do brasileiro e de muitos outros povos, o feijão proporciona uma viagem ao redor do mundo e a constatação tranqüila de que ele é simples e divino.

Contamos neste livro a saga do feijão através dos tempos, suas curiosidades e proezas. E apresentamos as receitas fornecidas pelos sessenta e oito membros da Associação dos Restaurantes da Boa Lembrança em todo o Brasil. São muitas e tentadoras. A seleção serve como um intróito a tudo de bom e melhor que o feijão sabe dar. Agora é saborear. Façamos a festa!

DANIO BRAGA
Presidente da Associação dos Restaurantes da Boa Lembrança
Agosto de 2002

Sumário

Feijões para que vos quero...	8
DANUSIA BARBARA	
Entradas & Acompanhamentos	29
Massas & Grãos	62
Peixes & Crustáceos	87
Aves & Carnes	114
Sobremesas	138
Dicas	153
Glossário	156
Índice Remissivo de Restaurantes	159
Índice Remissivo de Receitas	160
Relação dos Restaurantes Associados	162
Sobre os Autores	164

DANUSIA BARBARA

Feijões
para que vos quero...

Para falar de comida, sensações, lembranças, brincadeiras, delícias, sexo. Para aprender mais sobre o mundo, a natureza, o ser humano. Para fazer pratos diferentes, para abrigar-me no aconchego das tradições e valores. Para saber de generosidade.

Das muitas qualidades do feijão, talvez a básica seja esta: é um alimento generoso. Enriquece a terra onde é plantado, alimenta de maneira quase completa (vitaminas, proteínas, minerais), inibe o aparecimento do câncer e doenças cardíacas, ajuda a baixar o colesterol e o nível de açúcar no sangue, combate a anemia. Útil até na fabricação de cosméticos, prescinde de fertilizantes, exige poucos cuidados, é economicamente atraente: um punhado de grãos alimenta uma família ao preço mais barato do mercado. Mas há algo mais. Hoje o feijão ampliou seus domínios, mudou de imagem, não é mais "coisa de pobre". Tornou-se *fashion*.

Suas cores, tipos e variedades de todos os matizes e gostos fazem a festa nos restaurantes sofisticados e luxuosos. Há os rajados, os cremosos, os pretos, os brancos, os vermelhos, os malhados, os verdes, os amarelados, os marrons, os pequeninos, os grandões. Os que vêm da Índia, os que saem do Japão, os que se encontram no Oriente Médio, os que abundam na África. Num mundo onde todos correm, praticam exercícios, pulam obstáculos, buscam o saudável e o ecológico a todo custo, o feijão é o grande *superstar*.

Satisfaz quem precisa comer como um trabalhador braçal ou quem é passarinha elegante. Duvida que o feijão esteja na moda? Repare o *glamour* que existe ao saborear sorvetes, canapês, caçarolas ou até um safári de feijões (nome de um prato servido nos safáris do Quênia, vide receita na p. 28). Percebeu o gosto

Sabia que o feijão carioquinha recebeu este nome por conta do desenho em ondas de sua casca, semelhente ao do calçadão da praia de Copacabana? (leve) de cogumelos que existe no feijão-preto? Mas nunca abra mão da feijoada de lei, do feijão-tropeiro, do acarajé, do abará, do feijão de Santarém chegando fresquinho de Belém. Enfim, não se afaste do aconchegante gosto do já conhecido e tradicional, passado de pai para filho, neto, bisnetos, tetranetos. Contemporânea, clássica, tradicional ou moderníssima, as cozinhas se confraternizam ao redor do feijão. E curtem até os detalhes mínimos, como os apelidos: sabia que o feijão carioquinha recebeu este nome por conta do desenho em ondas de sua casca, semelhante ao do calçadão da praia de Copacabana?

Não há como resistir ao cálido cheiro do feijão sendo cozido. Vai-se insinuando, vira tentação (como na história da Baratinha e de Dom João Ratão, que caiu na panela de feijão). O *design* é singelo, puro, *clean* total. O sabor é capitoso, um manancial que excita, alegra e vitaliza conforme a receita. Os grãos aumentam de tamanho de duas a três vezes depois de cozidos de acordo com a finalidade: tempo mínimo para saladas, médio para guarnições e assados, longo para sopas e purês. Em resumo, charme e eloqüência substantiva não lhe faltam. Cada variedade (*azuki*, preto, frade, *borlotti*, pinto, encarnado, mungo, *cannellini* etc.) tem sua marca indelével, a sutil diferença. Sem ser temperamental, castiga quem não respeita seus truques e segredos na hora do preparo: malfeito, pode causar flatulências (para evitar, troque a água da primeira fervura).

É amigo fiel. Nos acompanha e nutre há milênios, espalhado por todos os cantos da Terra. Há muitas espécies e algumas confusões acerca dos feijões e de seus parentes próximos, como a soja, o grão-de-bico, a lentilha, a ervilha, a fava. Do ponto de vista botânico, são todos da mesma família, a das leguminosas. Mas cada um desses grãos pertence a gêneros e espécies diferentes. Nem sempre o que chamamos de feijão é mesmo feijão. Veja o exemplo do feijão-de-corda. Recebe esse nome por espalhar-se que nem corda, trepadeira que se refestela por outros cultivos como o milho, por exemplo. É feijão pela *vox populi*, mas outro gênero segundo a visão científica.

Algumas das principais leguminosas de grão conhecidas no Brasil e seus respectivos nomes científicos, segundo a Empresa Brasileira de Pesquisa Agropecuária (Embrapa):

Nome Comum	**Nome Científico**
Feijão	*Phaseolus vulgaris*
Feijão-de-corda	*Vigna unguiculata*
Feijão-de-lima	*Phaseolus lunatus*
Ervilha	*Pisum sativum*
Lentilha	*Lens culinaris*
Fava	*Vicia faba*

Leguminosas de grão são plantas da família *Leguminosae* (= *Fabacea*), consumidas tanto na forma de grãos maduros e secos, como imaturos e verdes, ou mesmo quando ainda se encontram contidos nas vagens verdes. As sementes são de dois tipos: as oleaginosas, como a soja e o amendoim; e as de grão, nas quais se incluem o feijão, a lentilha, a ervilha e a fava. O gênero *Phaseolus* compreende aproximadamente 55 espécies, das quais apenas cinco são cultivadas: o comum (*Phaseolus vulgaris*); o de-lima (*Phaseolus lunatus*); o ayocote (*Phaseolus coccineus*); o tepari (*Phaseolus acutifolius*) e o petaco (*Phaseolus polyanthus*). Desses cinco, o feijoeiro comum (*Phaseolus vulgaris*) é hoje o mais difundido e consumido no mundo todo.

Ao todo, há cerca de 14 mil tipos de leguminosas. As cultivadas são chamadas de *pulses*, do latim *puls*, nome dado pelos antigos a um prato preparado com esses tipos de grãos. De onde vieram as leguminosas? Referências há em todas as culturas do mundo.

Na *Bíblia*, um prato de lentilhas comprou o direito de ser primogênito: Esaú, o irmão mais velho, estava com fome; seu irmão Jacó tinha um prato de lentilhas cheiroso e fumegante nas mãos. Troca proposta, Jacó tornou-se o dono dos poderes e benesses de ser primogênito. Já a história de Daniel, na corte do Rei da Babilônia, evidencia o valor nutricional do feijão. Embora o Rei Nabucodonosor tenha ordenado que as crianças de Israel fossem alimentadas de carne e vinho para ficarem bem de saúde, Daniel, uma delas, recusou-se a cumprir a ordem. Preferiu água e *pulses*. Ao cabo de dez dias, sua aparência, força e bem-estar eram óbvios, enquanto as outras crianças estavam mais flácidas e fracas.

No Egito, por volta de quinhentos anos antes de Cristo, os sacerdotes acreditavam que os feijões, por terem forma de fetos, continham as almas dos mortos. No Japão, os grãos eram espalhados pela casa para exorcizar maus espíritos. Os antigos romanos os usavam em suas festas gastronômicas e nos pagamentos de dívidas e apostas. Há evidências do uso constante do feijão no dia-a-dia até nas ruínas de Tróia. Não é difícil explicar a disseminação das leguminosas no mundo. Ubíquas, versáteis, adaptam-se ao clima, adubam a terra e, em tempos de guerra, tornam-se prato de fácil manejo e parte essencial da dieta dos guerreiros em marcha.

Das Américas, o feijão espalhou-se pelo mundo: Europa, Ásia e África têm hoje feijões descendentes de genótipos americanos.

Na América do Sul, seu primeiro berço, há registros de seu consumo desde, pelo menos, nove mil anos antes de Cristo. Das Américas, o feijão espalhou-se pelo mundo: Europa, Ásia e África têm hoje feijões descendentes de genótipos americanos. Servido nas mesas reais de Charles II da Inglaterra ou na corte do Rei Luís XIV de França, também era conhecido nos banquetes dos Papas. Aliás, foi Clemente VII quem mandou dar a Catarina de Médicis alguns grãos para ela levar como presente de seu casamento com o futuro Henrique II.

Paixões e feijões: o cotidiano

"Num grande terreno de terra batida, as vagens eram postas ao sol para secar. Na hora mais quente do dia, os homens chegavam com longas varas flexíveis e começavam o açoitamento. Os feijões saltavam qual pingos de sangue das entranhas sedosas das vagens. O suor pingava claro em cada rosto, as varas batiam impiedosas. Bolhas estouravam nas mãos. O trabalho era duro, mas logo a despensa estava cheia. Fim de tarde, o cheiro de comida se espalhava e consolava a todos do cansaço e da fome. Não existe nada mais gostoso que feijão novo cozido em fogão à lenha manchando a pureza do arroz."

Quem assim fala do "feijão nosso de cada dia" é a professora Regina Maria de Souza Moraes, em depoimento para este livro. Ela nasceu em uma cidade do interior de Minas Gerais, lá no Triângulo Mineiro, chamada Sacramento. Hoje mora em Betim, pertinho de Belo Horizonte, mas não se esquece dos seus tempos de fazenda:

"Vivi muito na roça: lavouras de café, leite no curral, passeios a cavalo. Éramos uma família pequena, meus pais, eu, uma irmã e um irmão caçula. Cultivávamos feijão e fava. A diferença entre os dois não sei bem. Lembro-me de que a fava comestível era avermelhada e os grãos eram arredondados. A planta era uma trepadeira e as vagens eram aéreas. Os feijões possuíam ramos mais curtos e as vagens ficavam mais próximas do solo. Plantavam-se ambos misturados à lavoura de milho.

"Morar em uma fazenda significa ter algumas obrigações. Às mulheres, geralmente, cabe o preparo dos alimentos. Na minha infância, não havia energia elétrica na zona rural e isso dificultava a conservação dos alimentos. Quase tudo precisava ser preparado na hora de ser consumido, e o feijão se incluía nisso.

"Havia o ritual de escolher feijão. Todas as noites, após o jantar, minha mãe pesava o feijão que seria consumido no dia seguinte. A medida era exata, não havia geladeira e não devia sobrar nada. O feijão vinha sujo de terra de formigueiros de saúva, pois ainda não se usavam venenos para prevenir o caruncho. Escolher o feijão curado com terra era um trabalho minucioso. Não se podia deixar escapar uma pedrinha. Não havia eletricidade. Buscávamos uma lâmpada a querosene e a colocávamos sobre a mesa da pia bem perto da bacia. Os dedos mergulhavam na água fria e traziam um punhado de feijões que eram escolhidos um a um diante da lâmpada. Depois eram lavados com sabão e enxaguados copiosamente. Posso ainda sentir o cheiro do sabão caseiro.

"Após tudo aquilo, o feijão ia para um grande caldeirão de ferro, o braseiro do fogão à lenha era atiçado. O feijão precisava abrir uma primeira fervura antes que o fogo se apagasse; caso contrário, ficaria duro. Quantas vezes eu, morta de sono, esperava minha mãe terminar suas tarefas na cozinha, e a última era sempre aquela de aguardar o momento em que a água em que os feijões estavam sendo cozidos fervesse. Aí, estavam encerradas as funções do dia. O fogo iria lentamente se apagando, era hora de dormir. De manhã, o cozimento continuava até a hora do almoço. Nós, as crianças, ficávamos brincando ali por perto. Assim que o feijão estivesse pronto era a hora da delícia: uma caneca cheia de feijão pagão temperado com sal grosso. Dedinhos buscavam nervosos os bagos e os cristais. Nossas bocas se temperavam."

Esta convivência íntima com o feijão – semear, colher, limpar, cozinhar, temperar, saborear – pode existir em vários estágios e ângulos. O momento em que ninguém quer saber do feijão, que olha a sopa de feijão ou o prato de feijão com arroz como algo que não desperta vontade alguma de comer. Depois, o momento em que o desejo de um feijãozinho é tonitruante, insistente, obstinado, perseverante, fundamental. Lembrou alguma coisa? Paixão? Relação entre dois seres? Parecido.

Feijão é energia. Sua forma lembra um feto, testículos ou até mesmo um rim. Abre-se como vagina quando começa a brotar e – como é uma trepadeira – cresce se enroscando em outras plantas. Nas noites de fazendas, uma das atividades até bem pouco tempo comuns era o debulhar dos feijões recém-colhidos acompanhado de "casos de assombração", histórias que distraíam o trabalho, fustigavam as imaginações e excitavam as almas.

Sem muitas delongas, feijão cresce rápido, num verde atraente, folhas em forma de coração. O grão vai enrugando a casca até que ela se rompa e surjam as duas bandas verdes, com o broto no meio. Cada vez mais, as duas partes se abrem e o broto vai crescendo até aparecerem as primeiras folhas e raízes. As duas bandas verdes são reservas de alimento até o feijão conseguir se nutrir com suas próprias raízes. Se o prezado leitor citadino quiser acompanhar esse momento de vida, ponha alguns grãos de feijão em um algodão umedecido com água em um copo de vidro e veja-os brotar.

Outro dado interessante sobre o feijão é sua sexualidade: ele faz parte das plantas cujas flores são bissexuadas e se autofecundam. O pólen de uma flor fecunda os óvulos da mesma flor. E assim lá vai o feijão cantarolando Cole Porter em "Let's do it". Nessa famosa canção, todos se amam, isto é, transam. De pulgas a chimpanzés e cangurus, de rouxinóis a finlandeses e holandeses. E também os *Boston baked beans*, delicioso prato em que o feijão se cozinha no melado:

> *"People say, in Boston, even beans do it,*
> *Let's do it... let's fall in love..."*
> ("Diz-se, em Boston, que até os feijões 'fazem', /
> Vamos 'fazê-lo'... vamos nos apaixonar...")

Literatura & música

Se feijão pode ser o lado prático da vida (como em *O feijão e o sonho*, de Orígenes Lessa), pode também ser magia. Quem não conhece o clássico *João e o pé de feijão*? O menino pobre que recebe a incumbência de vender a vaca – a única riqueza que ele e a mãe possuíam – para terem algum dinheiro. Mas no meio do caminho o menino encontra um personagem que propõe trocar a vaca por um punhado de feijões mágicos. João topa e, ao voltar para casa e contar para a mãe o que acontecera, viu-a não só furiosa por ele ter perdido a única chance de terem algum meio de sobrevivência, como, por isso mesmo, jogar os feijões pela janela. E foram todos com fome para cama. No dia seguinte, havia brotado um enorme, fabuloso, pé de feijão, que subia até o céu. Curioso, João subiu por ele até chegar ao castelo do gigante que se alimentava de carne humana. O garoto descobre que o gigante era um ladrão, que havia surrupiado várias preciosidades. Consegue, enfim, driblar o gigante e desce correndo pelo pé de feijão com a galinha que punha ovos de ouro. Foi o tempo de chegar, derrubar a machadadas o pé – matando, assim, o gigante – e viver feliz para sempre com sua mãezinha, a galinha e os ovos de ouro. Tudo por conta de uns grãos de feijão que bem valeram a troca.

João Cabral de Melo Neto, em *Antologia poética*, compara o ato de escrever ao de catar feijão no poema "Catar Feijão":

> "Catar feijão se limita com escrever:
> jogam-se os grãos na água do alguidar
> e as palavras na da folha de papel;
> e depois joga-se fora o que boiar (...)"

Vinicius de Moraes escreveu uma deliciosa "Feijoada a Minha Moda", que termina assim:

> "(...) Que prazer mais um corpo pede
> Após comido um tal feijão?
> Evidentemente uma rede
> E um gato para passar a mão."

No poema "A Mesa", em *Reunião, 10 livros de poesia*, Carlos Drummond de Andrade fala do tutu de feijão:

"(...) Ai, grande jantar mineiro
que seria esse...
Comíamos,
e comer abria fome
e comida era pretexto.
E nem mesmo precisávamos
ter apetite, que as coisas
deixavam-se espostejar
e amanhã é que eram elas.
Nunca desdenhe o tutu.
Vai lá mais um torresminho (...)"

Músicas não faltam. Paulinho da Viola canta:

"O famoso feijão da Vicentina
Só quem é da Portela
É que sabe que a coisa é divina (...)"

Ivon Cury era sucesso eterno na década de 1950 interpretando "Feijão, feijão, feijão".

Chico Buarque dá *show* em "Construção" ("Comeu feijão com arroz como se fosse príncipe") ou em "Feijoada completa":

"Mulher
Você vai gostar
Tô levando uns amigos pra conversar
Eles vão com uma fome que nem me contem
Eles vão com uma sede de anteontem
Salta cerveja estupidamente gelada prum batalhão
E vamos botar água no feijão."

Até o ilustríssimo Louis Armstrong assinava e arrematava suas cartas com uma frase que se tornou sua marca registrada: *"Red beans and ricely yours*, Louis Armstrong" (algo como "Feijões vermelhos e 'arrozmente' seu, Louis Armstrong"). Pode imaginar o som e as delícias prometidas?

Veio político

Os índios chamavam o feijão de *comandá* e o binômio *comandá* & farinha já existia no cardápio brasileiro quando os portugueses por aqui chegaram. Assim foi por muito tempo, principalmente na época das entradas e dos bandeirantes: o feijão era a refeição, o sustento, a força promotora da energia humana. Espalhando-se por todo o País, acabou dando origem à feijoada que, no entanto, ressalta Luís da Câmara Cascudo em *História da alimentação no Brasil*, "é uma solução européia elaborada no Brasil: técnica portuguesa com o material brasileiro (...) A feijoada não constitui um acepipe, mas um cardápio inteiro. Ali se condensam fauna e flora."

Na Europa, há o cozido de várias carnes, legumes e hortaliças fervendo conjuntamente e outras opções, como o *cassoulet*, espécie de feijoada francesa, unindo feijões, carne de porco e/ou ganso e pato. Os judeus têm o *cholent*, à base de feijões brancos, batatas e centeio (nada de porco, claro). É preparado na véspera do sabá, deixado no forno aceso cozinhando baixinho, pois, segundo a religião judaica, sábado não é dia de se trabalhar. Mas pode-se saborear o que já estiver preparado. No Brasil, há a união do feijão com carnes (principalmente de porco), farinha e adendos tipo abóbora, couve ou laranja, conforme a região. Se começou como prato de escravos, aproveitando restos de carne de porco desprezados pelos patrões para incrementar o caldo de feijão, hoje virou iguaria nobre, presente em hotéis e restaurantes requintados.

Há textos impecáveis registrando esse nosso prato nacional. Como os de Guilherme Figueiredo em Comidas, meu santo, narrando o que acontece antes, durante e depois de uma feijoada:

> "(...) Uma feijoada exige que se fale de feijoada. Não é possível deglutir a argamassa de feijão, farinha, carnes, entrecortada de laranjas, e mais os legumes em se querendo, e borrifada de pimenta, e filigranada de couves, e engastada de torresmos, falando-se de outro assunto. Há quem lhe conheça outras fórmulas, e as declama. Há variantes que surgem, como nas partidas de xadrez. Deve haver quem diga que aquela é a melhor de sua vida, porque, afinal, cada feijoada é mesmo a melhor de cada vida. Deve alguém dizer da pimenta: – Esta está danada!
>
> "(...) Um conviva, por fundamental gentileza, indaga da dona-de-casa o seu segredo, para esfriar a polêmica bairrista: – Você junta as carnes ou separa? Pergunta que faria baixar os olhos dum vigário (...)"

Guilherme Figueiredo também narra a história de Villa-Lobos querendo mostrar a pujança da nossa culinária em Paris, convidando seleta platéia de músicos e artistas para prová-la. Quando a tampa do panelão fumegante foi levantada e a feijoada ficou enfim exposta, um desses famosos recuou dizendo: *"Mais, c'est de la m...!"*

Não chegou a pronunciar o "e" do final da palavra. Villa-Lobos rodou a sagrada mão, a mão da batuta, e plantou-a nas faces do falastrão.

Outro imperdível é o de Pedro Nava em *Chão de ferro*. Descrevendo como se faz uma feijoada, como se a aninha num prato (em camadas, esmagando primeiro as pimentas no caldo etc.), como se a devora. E aponta sua principal qualidade: ser barroca.

> "Barroco e mais, orquestral e sinfônico, o rei dos pratos brasileiros está para a boca e a língua como, para o ouvido – as ondulações, os flamboaiantes, os deslumbramentos, os adejamentos, a ourivesaria de chuva e o plataresco dos mestres mineiros de música e do Trio em dó maior para dois oboés e corninglês – 'Opus 87', de Ludwig van Beethoven. Filosófica, a feijoada completa pelo luto de sua cor e pelos restos mortais que são seus ingredientes é também memento. Depois dela, como depois da orgia, a carne é triste. Não a do prato, a nossa, a pecadora."

A polivalência, a adaptabilidade do feijão, seu veio político de confraternizar, deixar tudo combinar, seja com peixes, mariscos, crustáceos, massas, arroz, farinha, laranja, couve, abóbora, carnes, aves, açúcar, temperos e sabe-se lá o que mais, fazem mesmo deste legume o "Pai de Todos". Como diz a cantiga popular: "Um, dois, feijão com arroz;/ Três, quatro, feijão no prato (...)" Também é bastante comum se dizer que "graças a Deus, lá em casa nunca falta feijão". Ou seja, nunca falta alimento e o feijão é o básico. O Brasil é o segundo produtor mundial de feijoeiros do gênero *Phaseolus* e o primeiro na espécie *Phaseolus vulgaris*, informa a

Embrapa. Quanto ao consumo interno anual, fica em torno de 16kg por habitante (dados de 1999), existindo preferências de cor, tipo de grão e qualidade culinária em várias regiões do País. Na safra de 1998/1999, a produção brasileira de feijão foi de 2,5 milhões de toneladas, das quais 80% foram de cores e 20% do tipo preto.

Macios, *al dente*, gostos fortes ou delicados, acres, doces ou salgados, os pratos com feijão estão presentes na Ásia, na África, na Europa, nas Américas com uma intensidade fantástica. Imagine a culinária mexicana sem o feijão para rechear *tacos* e *burritos*? No Brasil, no dia seguinte se transmuta em outro prato: da feijoada completa pode nascer o tutu mineiro, o feijão-tropeiro ou o virado à paulista. Ou parte para outras conceituações como o nordestino baião-de-dois (arroz com feijão, podendo levar ainda toucinho e leite de coco, acompanhando-se de um prato de ensopado de maxixe ou queijo de coalho cortado em cubos). O feijão é mesmo fundamental. Sua flexibilidade é tanta que ora serve de marcador nas cartelas de bingo (jogo), ora vira soneto como os de Celso Japiassu e Nei Leandro de Castro em *50 sonetos de forno e fogão*. Por exemplo, o "Feijão de Coco" (1/2kg de feijão-mulatinho ou preto, uma garrafa pequena de leite de coco, uma pitada de sal, uma pitada de açúcar):

> "Das diversas maneiras de fazer
> um bom feijão, a mais inusitada,
> criativa, de exótico sabor,
> é a que vai revelada nestes versos.
>
> "Cate, lave o feijão, deixe de molho
> e no dia seguinte leve ao fogo

somente em água pura, sem temperos.
Ao ficar pronto, esmague com cuidado.

"Tire as cascas passando na peneira,
ponha a massa no fogo, acrescentando
leite de coco, sal e açúcar juntos.

"Deixe ferver um pouco e sirva o prato
que pode acompanhar peixe cozido,
numa combinação bem nordestina."

Feijão também vira doce. Gelatinas, sorvetes, bolos, biscoitos, musses e outras quitandas, algumas deliciosas, evidenciam sua versatilidade. Na Tailândia, seu amido é usado até no preparo de *vermicelli*, um tipo de macarrão. Em suma, serve de entrada, sopa, acompanhamento, recheio, prato principal e sobremesa. Justifica festas populares como a de Tavares, na Paraíba, promovida pela prefeitura municipal no último dia de maio. Ou o Festival do Feijão que acontece todos os anos em Sutri, pequena cidade medieval italiana. Lá, se homenageia o feijão *regina* (rainha), "consistente e bulboso, com sabor de castanhas", segundo Michael Rips em *O nariz de Pasquale*. É considerado o melhor grão da Itália.

Algumas opiniões esdrúxulas circulam na Internet, como a do médico Aguinaldo Torres (http://intermega.oglobo.com/cerrito/beneficios.htm). Segundo ele: "Existem fortes tendências de que as adequadas concentrações de magnésio, manganês e ferro encontradas nos feijões de boa qualidade desenvolvem os músculos glúteos. Por isso as brasileiras têm o bumbum mais bonito do mundo."

Generoso, o feijão ignora eventuais "besteiróis" e prossegue sua saga, entre budas, aiatolás, cristos e oxuns da vida. Precisa de cuidados, mas dá mais do que lhe solicitam: na virada do ano 1000, conta o filósofo italiano Umberto Eco, em depoimento ao The New York Times, reproduzido pela revista Veja, foi o cultivo do feijão e de outras leguminosas que livrou a Europa da fome:

> "Eram tempos duros, em que as pessoas morriam de fome ou viviam doentes por causa da alimentação precária. O desenvolvimento do cultivo das leguminosas mudou tudo. Fontes de proteína, elas substituíam a carne escassa. A pecuária praticamente não existia e caçar era um privilégio dos nobres. Com a nova dieta, os camponeses tornaram-se mais robustos e resistentes a doenças. A expectativa de vida aumentou significativamente e a mortalidade infantil decaiu."

Pai de todos, o feijão tem coração de mãe. É uma metáfora do amor, talvez.

Agosto de 2002

REFERÊNCIAS BIBLIOGRÁFICAS

ANDRADE, Carlos Drummond de. *Reunião, 10 livros de poesia*. Rio de Janeiro: J. Olympio, 1969.

CASCUDO, Luís da Câmara. *História da alimentação no Brasil*. São Paulo: Editora Universidade de São Paulo, 1983. 2v.

CHAUÍ, Laura de Souza, SOUZA, Marilena de. *Professoras na cozinha*. São Paulo: Editora Senac São Paulo, 2001.

ECO, Umberto. Salvos pelo feijão. *Revista Veja*, 28 jul. 1999. Depoimento ao *The New York Times*.

FIGUEIREDO, Guilherme. *Comidas, meu santo*. Rio de Janeiro: Civilização Brasileira, 1964.

FRIEIRO, Eduardo. *Feijão, angu e couve*. Belo Horizonte: Editora Universidade Federal de Minas Gerais, 1966.

GOUST, Jerôme. *Le haricot*. França: Actes Sud, 1998.

GREGORY, Patrícia R. *Bean banquets, from Boston to Bombay*. Califórnia: Woodbridge, 1984.

GROSS, Kin Johnson. Cooking. Nova York: A. Knopf, 1998.

HORSLEY, Janet. *Bean cuisine*. Nova York: Avery Publishing Ground Inc.,1982.

JAPIASSU, Celso, CASTRO, Nei Leandro de. *50 sonetos de forno e fogão*. Rio de Janeiro: J. Olympio, 1994.

KIMBALL, Robert. *The Complete lyrics of Cole Porter*. Nova York: Da Capo Press, 1992.

LESSA, Orígenes. *O feijão e o sonho*. São Paulo: Ática, 2001.

MCNAIR'S, James. *Beans & grains*. São Francisco: Chronicle Books, 1997.

MELO NETO, João Cabral de. *Antologia poética*. Rio de Janeiro: Sabiá, 1967.

MORAES, Vinicius de. *Poesia completa e prosa*. São Paulo: Nova Aguilar, 1987.

NAVA, Pedro. *Chão de ferro*. Rio de Janeiro: J. Olympio, 1976.

LIVRO ESSENCIAL DA COZINHA ASIÁTICA. [s.l.] Könemann, 2001.

RIPS, Michael. *O nariz de Pasquale*. Rio de Janeiro: Objetiva, 2002.

SOUZA, Sérgio de, CEGLIA NETO, Paschoal. *O prato nosso de cada dia: arte culinária brasileira*. São Paulo: Yucas, 1993.

SPENCER, Colin. *Colin Spencer's vegetable book*. Londres: Conran Octopus, 1995.

VIEIRA, Rogério Faria, CLIBAS, Rosana Faria. *Leguminosas graníferas*. Viçosa: Universidade Federal de Viçosa, 2001.

WERLE, Loukie, COX, Jill. *Ingredientes*. [s.l.] Könemann, 2001.

CONSULTORIAS

Pesquisador:

DR. JOSÉ LUIZ VIANA DE CARVALHO, supervisor de infra-estrutura da Embrapa Agroindústria de Alimentos (jlvc@ctaa.embrapa.br).

Pesquisadoras:

DRA. HELOISA TORRES DA SILVA (heloisa@cnpaf.embrapa.br) e Dra. Noris Regina Vieira (noris@cnpaf.embrapa.br), da Embrapa Arroz e Feijão (sac@cnpaf.embrapa.br).

Safári de Feijões

(Receita extraída do livro *Bean banquets, from Boston to Bombay*, de Patrícia R. Gregory.)

450g de feijões
1 cebola grande picada
2 colheres de sopa de manteiga
sal
pimenta-branca a gosto
3 ou 4 tomates sem pele e fatiados
1 1/2 xícara de queijo *cheddar* (ou semelhante) ralado

1. Cozinhe os feijões, drene.
2. Unte uma fôrma grande.
3. Numa frigideira grande, refogue a cebola picada na manteiga, sem que fique dourada. Misture com os feijões drenados, sal e pimenta.
4. Coloque 1/3 dessa mistura na fôrma untada e cubra com rodelas de tomates. Coloque um pouco de sal e pimenta sobre os tomates e salpique com 1/3 do queijo *cheddar*.
5. Repita esta operação mais duas vezes.
6. Tampe a fôrma e asse à temperatura de 180°C por 25 minutos. Retire a tampa e asse por mais 5 minutos. Rende de 6 a 8 porções. Sirva com pãezinhos caseiros e uma salada mista para acompanhar.

Para facilitar a compreensão de termos técnicos, este livro traz um glossário (p. 156). Os termos estão indicados com o sinal (*) nas receitas.

O rendimento das receitas é sempre para quatro pessoas, com exceção das feijoadas, para oito ou dez pessoas.

Entradas & Acompanhamentos

Rosbife de Atum sobre Salada de Feijão

A FAVORITA | Belo Horizonte

Para o atum:
500g de lombo de atum limpo
sal e pimenta-do-reino a gosto
50ml de azeite extravirgem
 (5 colheres de sopa)

Para a salada:
200g de cebola roxa
 (2 unidades grandes)
2 latas de 500g de
 feijão-branco cozido
20g de salsa picada (2 colheres
 de sopa)
50ml de azeite (5 colheres
 de sopa)
sal e pimenta-do-reino a gosto

Para o tempero:
100ml de azeite extravirgem
 (10 colheres de sopa)
30ml de vinagre balsâmico
 (3 colheres de sopa)
5g de *wasabi* em pó
20g de mostarda de Dijon
 (2 colheres de sopa)
sal e pimenta-do-reino moída
 na hora, a gosto

Preparo do atum:
1. Temperar o lombo com o sal e a pimenta e amarrá-lo com o barbante, para permitir que frite uniformemente.
2. Aquecer o azeite em uma frigideira e fritar o lombo por todos os lados, por mais de 3 minutos.
3. Deixar esfriar e reservar.

Preparo da salada:
1. Cortar as cebolas ao meio e, depois, em fatias bem finas.
2. Escorrer o feijão na bacia e misturá-lo às cebolas.
3. Misturar a salada, acrescentando a salsa, o azeite, o sal e a pimenta.

Montagem:
1. Colocar o feijão em pratos individuais, em apenas uma camada, alisando-a com a espátula.
2. Cortar o atum em fatias finas e arrumá-las sobre o feijão.

3. Misturar bem os ingredientes do tempero e despejá-los sobre o atum e ao redor da salada.
4. Temperar as folhas e colocá-las sobre o atum para enfeitar.

VINHO: Visão desconstrutiva de uma clássica salada italiana, cai muito bem com um Verdicchio di Matelica de uvas colhidas tardiamente.

Para decorar:
folhas pequenas: agrião, chicória-*frisée*, *mâche* etc.

Utensílios necessários:
barbante de cozinha, escorredor, bacia, espátula

Sopa de Pedra

ANTIQUARIUS I Rio de Janeiro

400g de feijão-vermelho
320g de orelha de porco
6 litros de água
5ml de azeite (1 colher de chá)
40g de cebola picada
 (1 unidade média)
8g de alho picado (1 1/2 dente)
70g de tomate picado e sem
 pele (1 unidade média)
sal e pimenta-do-reino a gosto
4 pedras bem escolhidas
 e limpas

Utensílios necessários:
4 tigelinhas

PREPARO:

1. Cozinhar o feijão e a orelha de porco na água e sal por 2 horas e 30 minutos.
2. Levar ao fogo, em outra panela, o azeite, a cebola, o alho e o tomate, para uma rápida refogada.
3. Acrescentar o feijão com toda a água do cozimento e a orelha de porco cozida e picada miudinho.
4. Temperar com sal e pimenta.
5. À parte, separar as quatro pedras e deixá-las ferver por 1 hora. Colocar uma pedra em cada tigelinha e adicionar o feijão. Servir em seguida.

VINHO: Um quente Aragonez do Alentejo, de bom extrato, agregará uma nova dimensão a essa rústica mas deliciosa sopa.

Suflê de Feijão

CALAMARES | Porto Alegre

PREPARO:

1. Preparo do molho branco: ferver todos os ingredientes menos a manteiga e a farinha. Abaixar o fogo após levantar fervura. Acrescentar a manteiga e a farinha. Bater bem até formar um creme. Reservar.
2. Numa panela, juntar o azeite com a cebola e deixar dourar (é importante que a cebola fique bem dourada).
3. Adicionar o brócolis e a cenoura. Em seguida, acrescentar o molho branco e mexer em fogo baixo por 2 minutos.
4. Juntar o feijão-branco cozido, envolvendo-o suavemente. Temperar com o sal e a pimenta. Por fim, com o fogo já desligado, misturar os ovos batidos.
5. Montagem: colocar o preparado nos 4 recipientes individuais de suflê untados com manteiga e farinha de rosca. Salpicar com queijo ralado e levar ao forno em temperatura média, por cerca de 25 minutos. Servir em seguida.

Para o molho branco (150ml):
150ml de leite (15 colheres de sopa)
10g de cebola (1/3 de 1 unidade pequena)
1 folha de louro
1 pitada de sal
1 pitada de noz-moscada
15g de manteiga (1/2 colher de sopa)
20g de farinha de trigo (2 colheres de sopa)

50ml de azeite (5 colheres de sopa)
200g de cebola em rodelas, cortadas bem fininho (2 unidades grandes)
150g de brócolis cozido e picado (1 maço sem folhas e talos)
100g de cenoura cozida e picada (1 unidade grande)
150ml de molho branco
200g de feijão-branco cozido e escorrido
sal e pimenta-do-reino a gosto
3 ovos inteiros
manteiga e farinha de rosca para untar
50g de queijo ralado (5 colheres de sopa)

Utensílios necessários:
4 recipientes para suflê com 10cm de diâmetro

VINHO: Precisamos de um branco delicado, com bom frescor e baixo teor alcoólico. Por que não um Chardonnay nacional do Vale dos Vinhedos?

Musse de Feijão-Manteiguinha de Santarém

LÁ EM CASA | Belém

PREPARO:

1. Catar e lavar o feijão.
2. Juntar em uma panela o feijão com o *bacon* e o sal. Adicionar a água e cozinhar por aproximadamente 1 hora e 10 minutos.
3. Escorrer o feijão e reservar 300ml do caldo (2 1/2 copos).
4. Refogar as ervas verdes bem picadas, o tomate, a cebola e o pimentão no azeite e temperar o feijão.
5. Dissolver a gelatina seguindo as instruções da embalagem e, em seguida, misturar com o feijão temperado e o caldo.
6. Colocar a musse de feijão nas forminhas e levar à geladeira por 3 horas.
7. Montagem: forrar o prato fazendo uma cama de folhas verdes. Retirar a musse da forminha, colocá-la no centro do prato. Regar com um fio de azeite e servir.

150g de feijão-manteiguinha de Santarém (também pode ser usado o feijão-fradinho)
50g de *bacon*
sal e azeite a gosto
3 1/2 litros de água
temperos verdes amazônicos (alfavaca, chicória, cheiro-verde) a gosto
40g de tomate picado (1/2 unidade média)
50g de cebola picada (1 unidade média)
40g de pimentão verde picado (1 unidade pequena)
24g de gelatina incolor
folhas verdes (alface, rúcula e outras para decorar)

Utensílios necessários:
escorredor, 4 forminhas de pudim individuais (com cerca de 10cm de diâmetro por 2cm de altura), prato de sobremesa

VINHO: Do clima temperado da África do Sul nascem elegantes *sauvignons blancs* que agregam nobreza a essa musse, harmonizando-a tanto do ponto de vista aromático quanto dos pontos de vista saporífero e tátil.

Acarajé com Camarões ao Alho-Poró

ENSEADA | Rio de Janeiro

PREPARO:

1. Colocar o feijão no processador e triturar por 1 minuto. Transferir para a bacia e cobrir com a água. Deixar de molho por 24 horas.
2. Recolher as cascas e escorrer bem a água. Recolocar o feijão no processador e triturar até virar uma pasta homogênea.
3. Colocar o feijão na outra bacia, acrescentar a cebola e o sal. Bater com a colher de pau até o ponto em que seja possível modelar a massa com uma colher.
4. Aquecer o azeite e dourar os camarões. Adicionar o alho-poró e refogar por 5 minutos. Com auxílio de 2 colheres, modelar 8 acarajés com a pasta de feijão e fritar no azeite-de-dendê quente até dourar.
5. Montagem: com uma faca, abrir os acarajés ainda quentes e rechear com o tomate seco, o camarão, o alho-poró e o queijo de coalho.

350g de feijão-fradinho limpo
2 litros de água
100g de cebola-branca ralada (1 unidade grande)
sal a gosto
25ml de azeite (2 1/2 colheres de sopa)
225g de camarão médio (vm) limpo e temperado com sal e pimenta-do-reino a gosto
125g de alho-poró fatiado bem fino (2 talos)
2 litros de azeite-de-dendê
100g de tomate seco
100g de queijo de coalho

Utensílios necessários:
processador de alimentos, 2 bacias, escorredor, colher de pau

VINHO: Para fazer frente aos intensos aromas da preparação e enxugar a sua untuosidade, nada melhor do que um Manzanilla andaluz.

Saudade da Roça

PAX | Rio de Janeiro

PREPARO:

1. Deixar o feijão de molho na água por 4 horas.
2. Adicionar ao feijão todos os ingredientes e levar ao fogo alto. Cozinhar por aproximadamente 2 horas, não deixando a água secar. Se necessário, adicionar mais água até completar o cozimento. Deixar esfriar.
3. Bater no liqüidificador até virar um creme e levar ao fogo novamente para ferver.
4. Montagem: em um prato fundo, colocar uma porção do creme de feijão. Adicionar por cima uma colher de sopa de nata e salpicar com uma mistura dos pimentões cortados em cubos pequenos devidamente temperados com pimenta-do-reino, sal e azeite.

1/2kg de feijão-manteiga
3 litros de água
150g de pimentão vermelho sem pele (1 1/2 unidade grande)
150g de pimentão amarelo sem pele (1 1/2 unidade grande)
30g de alho-poró picado (1/4 de talo)
40g de aipo picado (1 talo)
30g de alho amassado (6 dentes)
100g de cebola picada (1 unidade grande)
30ml de azeite extravirgem (3 colheres de sopa)
20g de salsa picada (2 colheres de sopa)
5g de pimenta-do-reino (1 colher de chá)
150g de tomate maduro sem pele e sem semente (1 1/2 unidade grande)
10g de sal (1 colher de sopa)

Para a montagem:
100g de nata (4 colheres de sopa bem cheias)
50g de pimentão vermelho (1/2 unidade grande)
50g de pimentão amarelo (1/2 unidade grande)

5g de pimenta-do-reino
 (1 colher de chá)
3g de sal (1 colher de café)
7ml de azeite extravirgem
 (1 colher de sobremesa)

Utensílio necessário:
liqüidificador

VINHO: Um tinto espanhol de médio corpo, com boa integração de madeira e fruta no olfato. Equilíbrio gustativo ligeiramente voltado para a dureza dos taninos e acidez, como é praxe nos vinhos *crianza* de Navarra.

Salada de Feijões

GIUSEPPE | Rio de Janeiro

PREPARO:
1. Cozinhar os feijões separadamente sem deixar desmanchar.
2. Para o vinagrete: misturar todos os ingredientes de forma homogênea.
3. Misturar os feijões, a ervilha, a vagem e o tomate. Temperar com o molho vinagrete.

VINHO: Para amortecer a tendência ácida e mitigar a suculência dessa salada, opta-se pela cremosidade e o calor de um bom Chardonnay do Somontano, Espanha.

50g de feijão-branco cozido em 1 1/2 litro de água por 2 horas
50g de feijão-*azuki* cozido em 1 1/2 litro de água por 2 horas e 30 minutos
50g de feijão-fradinho cozido em 1 1/2 litro de água por 1 hora
50g de ervilha seca cozida em 1 1/2 litro de água por 1 hora
200g de vagem cozida picada
200g de tomate em cubinhos (2 unidades grandes)

Para o vinagrete:
3g de sal (1 colher de café)
3g de mostarda (1 colher de café)
3g de açúcar (1 colher de café)
20ml de vinagre (2 colheres de sopa)
45ml de azeite (4 1/2 colheres de sopa)

Salada d'Aldeia

FOGO CAIPIRA | Campo Grande

250g de feijão-miúdo
  ou fradinho
1 folha de louro
sal a gosto
1 litro de água
100g de broto de feijão
100g de tomate em cubinhos,
  sem semente (1 unidade
  grande)
50g de cebola em cubinhos
  (1 unidade média)
50g de pimentão vermelho
  em cubinhos (1/2 unidade
  grande)
15g de cebolinha picada, com
  a parte branca (1 1/2 colher
  de sopa)
15g de salsa picada
  (1 1/2 colher de sopa)
12 ovos de codorna em conserva
  de vinagre
90ml de azeite (9 colheres
  de sopa)
pimenta-do-reino a gosto
1 ramo de salsa para decorar

Utensílio necessário:
escorredor

PREPARO:

1. Juntar em uma panela o feijão, o louro, o sal e a água. Cozinhar em fogo médio até o feijão ficar macio – cerca de 50 minutos. Retirar o louro e escorrer. Deixar esfriar e reservar.
2. Escaldar* o broto de feijão. Escorrer e reservar.
3. Quando o feijão estiver frio, juntá-lo aos demais ingredientes em uma saladeira. Misturar delicadamente.
4. Montagem: transferir a salada para pratos individuais e decorar com a salsa. Servir gelada.

VINHO: Um perfumado Alvarinho do Minho, com boa presença alcoólica.

Rolinho Primavera de Feijão-Azuki

BANANA DA TERRA | Parati

Preparo do recheio:
1. Refogar a cebola no azeite. Colocar o frango e mexer até mudar de cor. Acrescentar o *shoyu*.
2. Adicionar a cenoura, a vagem e o feijão cozido, sem o caldo. Mexer por 2 minutos.
3. Ajustar o sal e a pimenta.
4. Desligar o fogo e esperar esfriar.

Preparo do rolinho:
1. Preparar uma cola misturando a maisena, a farinha e a água, formando uma papa.
2. Abrir a massa do rolinho e colocar o recheio.
3. Colar as pontas dos rolinhos com a cola de maisena e fritar em óleo abundante.
4. Servir com molhos agridoces.

VINHO: Um Tokay-Pinot-Gris alsaciano de corpo médio, mas de boa pegada alcoólica, para fazer frente à fritura em imersão e ao molho agridoce.

Para o recheio:
100g de cebola cortada fino (1 unidade grande)
20ml de azeite (2 colheres de sopa)
200g de peito de frango cortado em cubinhos
50ml de *shoyu* (5 colheres de sopa)
50g de cenoura cortada bem fino (1 unidade média)
100g de vagem cortada bem fino
80g de feijão-*azuki* cozido em 1litro de água por 1 hora
sal e pimenta-do-reino a gosto

Para o rolinho:
10g de maisena (1 colher de sopa)
10g de farinha de trigo (1 colher de sopa)
40ml de água (4 colheres de sopa)
massa para rolinhos primavera (8 unidades)
óleo de soja para fritar

Tartar de Grãos com Camarões

BISTRÔ D'ACAMPORA | Florianópolis

70g de feijão-*azuki*
800ml de água (4 copos)
sal e pimenta-do-reino moída
 na hora, a gosto
70g de arroz-selvagem
 (1 xícara rasa)
200g de camarões limpos
 pré-cozidos
150g de tomate *concassé**
 (1 1/2 unidade grande)
1/4 de xícara de manjericão
 rasgado
suco de 1/2 limão coado
 (1 colher de sobremesa)
150ml de azeite extravirgem
 (15 colheres de sopa)
folhas de endívia para decorar

Utensílios necessários:
escorredor, filme plástico, aro
de 8cm

PREPARO:

1. Deixar o feijão de molho por 4 horas, escorrer. Adicionar a água, temperar com sal e pimenta e levar ao fogo até ficar *al dente*. Escorrer e reservar.
2. Temperar o arroz-selvagem com sal e pimenta e deixar cozinhar, por cerca de 30 minutos, até ficar *al dente*. Reservar.
3. Picar os camarões em pedaços de 2cm. Adicionar sal e pimenta. Reservar.
4. Numa tigela, misturar o arroz, o feijão, o tomate *concassé,** os camarões, o manjericão e o suco do limão. Corrigir o sal e a pimenta, cobrir com filme plástico e levar à geladeira por 15 minutos.
5. Montagem: colocar o aro sobre o prato e preencher com o *tartar,** reservando um camarão para enfeitar. Retirar o aro e regar com o azeite. Servir com as folhas de endívia.

VINHO: Um macio Chardonnay australiano, desde que com um aporte apenas discreto de carvalho, acomodará elegantemente o frescor desse *tartar*.

Salada em Preto e Branco

CASA DA SUÍÇA | Rio de Janeiro

PREPARO:

1. Deixar os feijões de molho, separadamente, no mínimo por 2 horas.
2. Escorrer a água e cozinhá-los em separado com 1 litro de água e sal para cada um. Depois de cozidos, escorrer novamente e lavá-los em água fria. Reservar.
3. Numa frigideira, aquecer 1 colher de sopa do azeite, acrescentando a juliana* de berinjela. Refogar por cerca de 2 minutos e reservar.
4. Regar a juliana de maçã com o suco de limão e reservar.
5. Preparo do molho: bater no liqüidificador o vinagre com a mostarda em pó. Acrescentar os demais temperos. Adicionar, lentamente, o azeite. Reservar.
6. Numa vasilha, misturar a cebola e as folhas de manjericão. Acrescentar o queijo de cabra.
7. Juntar com cuidado os feijões e a mistura das julianas de berinjela e maçã.
8. Montagem: arrumar no meio de um prato, colocando o presunto em volta

150g de feijão-branco
150g de feijão-preto
2 litros de água salgada
10ml de azeite (10 colheres de sopa)
50g de juliana* de berinjela, com casca (4 colheres de sopa)
50g de juliana de maçã ácida, sem casca (3 colheres de sopa)
suco de 1/2 limão coado (1 colher de sobremesa)
100g de cebola picada bem fino (1 cebola grande)
15 folhas de manjericão cortadas bem fino
150g de queijo de cabra à juliana
100g de juliana de presunto cru
folhas de manjericão inteiras para decorar

Para o molho:
50ml de vinagre de Jerez (5 colheres de sopa)
5g de mostarda em pó (1 colher de chá)
algumas gotas de tabasco
sal e pimenta-preta moída na hora, a gosto

5g de açúcar (1 colher de chá)
60ml de azeite extravirgem
(6 colheres de sopa)

Utensílios necessários:
escorredor, liqüidificador

da salada. Regar com o molho. Enfeitar com as folhas inteiras de manjericão.

VINHO: Instigante, rica em sabores e aromas, essa salada pede um Chardonnay com um bom teor alcoólico reforçado por um toque floral de Viognier, como aqueles produzidos no Uruguai.

Cassoulet de Feijões

LA CASSEROLE | São Paulo

PREPARO:

1. Na véspera, colocar os 5 tipos de feijão de molho em recipientes separados, em 1 litro de água cada.
2. Preparar o caldo de frango, levando todos os ingredientes para cozinhar em fogo alto por 30 minutos. Em seguida, coar.
3. Em uma panela grande, colocar 50g de manteiga (2 colheres de sopa) para refogar, em fogo médio, a cenoura e a cebola.
4. Escorrer os feijões e acrescentá-los ao refogado mexendo bem. Em seguida, adicionar o caldo de frango, o alho, o tomilho e o alecrim.
5. Deixar cozinhar com a panela destampada até que os feijões fiquem macios. Caso haja sobra de caldo do feijão, desprezar.
6. Acrescentar o restante da manteiga, a salsa, o sal e a pimenta.
7. Montagem: dispor o feijão dentro dos aros, preenchendo-os totalmente. Retirar os aros e espetar 1 ramo de tomilho no centro. Servir acompanhado de qual-

50g de feijão-fradinho
50g de feijão-preto
50g de feijão-canário
50g de feijão-rajado
50g de feijão-vermelho
5 litros de água
75g de manteiga (3 colheres de sopa)
100g de cenoura cortada em cubos (1 unidade grande)
100g de cebola cortada em pedaços pequenos (2 unidades médias)
1 litro de caldo de frango
10g de alho picado (2 dentes)
2g de tomilho picado (1/2 colher de café)
2g de alecrim picado (1/2 colher de café)
5g de salsa picada (1/2 colher de sopa)
sal e pimenta-do-reino a gosto

Para o caldo de frango (1 litro):
200g de carcaça de frango
50g de cebola (1 unidade média)
50g de cenoura (1 unidade média)
1 folha de louro
10g de alho (2 dentes)
500ml de água (2 1/2 copos)

Utensílios necessários:
escorredor, 4 aros de 5cm de diâmetro e 3cm de altura

quer prato preparado com lombo ou pernil de porco.

VINHO: Um cru de Beaujolais, mediano em estrutura e tanicidade, de bom frescor e aroma, tal como um Fleurie, cai muito bem com essa simpática *garniture*.

Salada de Feijão-Verde, Camarões e Nozes

LUNA BISTRÔ | Tibaú do Sul

PREPARO:

1. Deixar ferver a água, adicionar o feijão e, em seguida, o ramo de coentro e o sal.
2. Tampar imediatamente. Depois de cozido (aproximadamente 40 minutos), coar e levar à geladeira.
3. Grelhar os camarões no azeite. Quando estiverem quase prontos, acrescentar a pimenta calabresa, o sal e as nozes. Misturar bem antes de juntar o feijão-verde. Levar novamente à geladeira.
4. Juntar as julianas* de cenoura e abobrinha e colocar para cozinhar com a folha de louro em 1 copo de água até que estejam *al dente*. Retirar do fogo, coar e reservar.
5. Para o molho: colocar todos os ingredientes do molho no potinho com tampa. Balançar bem e coar. Reservar.
6. Adicionar cerca de 6 colheres de sopa do molho à mistura do feijão, camarões e nozes. Mexer bem.
7. Montagem: dispor, nas bordas de cada prato, 3 bolinhas de *cream cheese*, for-

3 litros de água
200g de feijão-verde
1 ramo de coentro
sal a gosto
320g de camarão médio (vm)
20ml de azeite (2 colheres de sopa)
2g de pimenta calabresa (1 colher de café)
20g de nozes picadas (3 colheres de sopa)
100g de juliana* de cenoura (1 unidade grande)
165g de juliana de abobrinha (1 unidade média)
1 folha de louro
200ml de água (1 copo)
100g de *cream cheese* (10 colheres de sopa)
8 folhas de salsa picada
4 folhas grandes de alface roxa
4 folhas grandes de alface americana
8 folhas de rúcula
50g de cenoura ralada fino (1 unidade média)
4 folhas de salsa inteiras

Para o molho:
20g de mostarda de Dijon
(1 colher de sopa)
10g de alho amassado (2 dentes)
100ml de azeite extravirgem
(10 colheres de sopa)
5ml de vinagre Jerez (1 colher
de chá)
5ml de vinho branco seco
(1 colher de chá)
10g de endro fresco ou de
sementes de endro
(1 colher de sopa)

Utensílios necessários:
coador, potinho com tampa,
4 pratos com cerca de 30cm
de diâmetro, ralador, pinça

mando um triângulo. Por cima, colocar uma tirinha de cenoura e outra de abobrinha, formando um "x". Salpicar a salsa no cruzamento das tirinhas. Rasgar uma folha de alface roxa e outra de alface americana e arrumar no centro do prato, formando um montinho. Sobrepor duas folhas de rúcula e regar com cerca de 2 colheres de sopa do molho. Cobrir delicadamente com a mistura de feijão e nozes. Com a pinça, colocar 2 ou 3 camarões sobre a mistura. No meio de cada camarão, arranjar um pouco da cenoura ralada e espetar uma folha de salsa.

VINHO: Um branco expressivo e macio, como um Vouvray *sec-tendre* do Loire.

Feijão-Verde com Alho

MARCEL | Fortaleza

PREPARO:

1. Colocar o feijão em uma panela grande com a água e acrescentar sal. Deixar ferver por aproximadamente 10 minutos. Retirar do fogo quando o feijão estiver levemente duro. Escorrer e colocar na água gelada para não perder a cor. Escorrer novamente.
2. Na frigideira, aquecer o azeite e dourar o alho. Juntar o pão, a salsa, o sal e a pimenta. Mexer durante 1 minuto. Adicionar a manteiga até derreter e o feijão. Mexer até aquecer. Servir em seguida.

VINHO: Um branco de Montpeyroux, no sul da França, intenso no nariz, de boa alcoolicidade e, conseqüentemente macio, para equilibrar o ligeiro toque amargo do feijão.

750g de feijão-verde fresco
2 litros de água
1 litro de água gelada
20ml de azeite extravirgem
(2 colheres de sopa)
30g de alho bem picado
(6 dentes)
pão francês amanhecido, ralado
(2 colheres de sopa)
10g de salsa picada (1 colher de sopa)
sal e pimenta-do-reino moída a gosto
25g de manteiga (1 colher de sopa)

Utensílios necessários:
escorredor, frigideira antiaderente

Baked Beans

MARCEL | São Paulo

400g de feijão-jalo
1 1/2 litro de água
5g de sal (1 colher de chá)
pimenta-do-reino a gosto
30g de açúcar mascavo
   (3 colheres de sopa)
3g de mostarda em pó
   (1/2 colher de chá)
100g de cebola (1 unidade grande)
150g de toucinho magro fatiado

Utensílios necessários:
escorredor, papel-alumínio

PREPARO:

1. Lavar o feijão. Deixar de molho em água fria por 8 horas. Escorrer.
2. Cozinhar o feijão em 1 1/2 litro de água por 1 hora. Em seguida, escorrer e reservar o líquido do cozimento.
3. Em uma vasilha grande, colocar o sal, a pimenta, o açúcar e a mostarda. Misturar bem.
4. Acrescentar o feijão escorrido e, em seguida, juntar a cebola. Adicionar a água do cozimento até cobrir o feijão. Por cima, dispor o toucinho e cobrir com papel-alumínio. Levar ao forno por 4 horas. Verificar a quantidade de água após 1 hora e 30 minutos e, se necessário, acrescentar mais um pouco, sem deixar ultrapassar o nível do feijão.
5. Vinte minutos antes de retirar o feijão do forno, remover o papel-alumínio para que se crie uma crosta na superfície. Servir acompanhado de pão-preto.

VINHO: A doçura do prato concorda com a de um bom Lambrusco Reggiano, que ainda traz efervescência para o feijão e o toucinho, taninos para a suculência do prato e corretas estrutura e intensidade olfativas.

Salada de Polvo e Feijão-Branco

MARGUTTA | Rio de Janeiro

200ml de vinho branco seco
  (1 copo)
1kg de polvo
100g de feijão-branco cozido
180g de tomate maduro
  (2 unidades: 1 grande
  e 1 média)
80g de aipo (1 unidade média)
1 maço de salsa
20g de alcaparras (2 colheres
  de sopa) para decorar

Para o molho vinagrete:
suco de 2 limões coado
  (4 colheres de sobremesa)
40ml de azeite extravirgem
  (4 colheres de sopa)
sal e pimenta-do-reino a gosto

Utensílio necessário:
frigideira grande

PREPARO:

1. Na frigideira, colocar o vinho e cozinhar o polvo inteiro por 10 minutos de cada lado até ficar macio.
2. Para o molho vinagrete: colocar o suco do limão junto com o azeite. Adicionar sal e pimenta e misturar bem.
3. Cortar o polvo cozido em rodelas e juntar ao molho vinagrete e ao feijão. Reservar.
4. Cortar o tomate e o aipo em tirinhas. Lavar a salsa, deixando as folhas inteiras.
5. Colocar o tomate e o aipo junto com as folhas de salsa e formar um leito.
6. Cobrir com o polvo frio ou morno e decorar com as alcaparras.

VINHO: Um Vernaccia di San Gimigniano mais consistente na boca equilibrando-se para o lado da maciez glicérico-alcoólica.

Salada de Feijão-Fradinho com Bacalhau

PORTUGALLIA | Belo Horizonte

PREPARO:

1. Dessalgar* o bacalhau, colocando-o de molho em 2 litros de água com a pele para cima. Deixar na geladeira por 36 horas, trocando a água, no mínimo, seis vezes.
2. Cozinhar o feijão durante 50 minutos em 3 litros de água.
3. Aferventar o bacalhau e cortar em lascas.
4. Misturar o bacalhau ao feijão cozido *al dente*. Reservar.
5. Misturar o restante dos ingredientes e acrescentar ao bacalhau. Decorar com os ramos de salsa.

400g de bacalhau salgado
5 litros de água
300g de feijão-fradinho
50ml de azeite (5 colheres de sopa)
40ml de vinagre balsâmico (4 colheres de sopa)
6g de sal (3 colheres de café)
60g de cebolinha picadinha (6 colheres de sopa)
50g de cebola ralada (1 unidade média)
ramos de salsa para decorar

VINHO: A robustez de um Encruzado barricado do Dão amortece a acidez do balsâmico, enaltece os aromas do bacalhau e, por fim, contrasta com a untuosidade agregada pelo azeite.

Acarajé Rancho Inn

RANCHO INN | Rio de Janeiro

Para o molho de camarão:
150g de camarão seco defumado
40ml de azeite-de-dendê (4 colheres de sopa)
100g de cebola cortada em fatias finas (1 unidade grande)

Para o molho de pimenta:
cascas e cabeças de camarões reservados da receita do molho
40ml de azeite-de-dendê (4 colheres de sopa)
3 pimentas-malagueta bem amassadas
500g de feijão-fradinho
5g de sal (1 colher de chá)
50g de cebola ralada (1 unidade média)
1 litro de azeite-de-dendê para fritar
50g de cebola inteira (1 unidade média)

Utensílios necessários:
liqüidificador, escorredor, colher de pau, escumadeira, papel absorvente

Preparo do molho de camarão:
1. Descascar os camarões e retirar as cabeças.
2. Refogar no azeite-de-dendê junto com a cebola.

Preparo do molho de pimenta:
1. Retirar os olhos e as barbas dos camarões.
2. Torras as cabeças e as cascas.
3. Bater no liqüidificador e reservar.
4. Refogar no azeite-de-dendê, o pó do camarão obtido ao batê-lo no liqüidificador e a pimenta-malagueta picadinha.

Modo de fazer:
1. Bater o feijão no liqüidificador. Lavar em água corrente. Cobrir com água e deixar de molho por 12 horas.
2. Escorrer. Retirar as cascas. Juntar o sal e bater novamente no liqüidificador até obter uma massa.
3. Acrescentar a cebola ralada à massa de feijão, batendo fortemente com uma colher de pau por cerca de 40 minutos.

4. Colocar o litro de azeite-de-dendê na frigideira junto com a cebola inteira. Levar ao fogo alto. Quando a cebola começar a soltar fumaça, preparar os acarajés com uma colher e fritá-los usando a escumadeira até ficarem dourados.
5. Escorrer no papel absorvente e rechear com o molho de camarão e o molho de pimenta. Pode-se rechear também com vatapá e/ou salada verde com tomate e cebola picados.

VINHO: Sabores marcantes neste típico prato de agregação de componentes, harmoniosamente contrastados pela pungência de um Fino de Montilla-Moriles.

Tutu de Feijão

XAPURI | Belo Horizonte

750g de feijão-preto
5 litros de água
2 folhas de louro
30g de cebola (1 unidade pequena)
70g de *bacon*
150g de lingüiça
sal a gosto
120g de farinha de mandioca (1 xícara bem cheia)

Utensílios necessários:
escorredor, liqüidificador

PREPARO:

1. Colocar o feijão de molho por 4 horas. Escorrer e levar ao fogo em 5 litros de água por 1 hora e 40 minutos com o louro. Escorrer e reservar.
2. Cortar a cebola e o *bacon* em cubinhos bem pequenos e a lingüiça em rodelas.
3. Dourar o *bacon* e a lingüiça em uma panela sem gordura.
4. Depois que o *bacon* e a lingüiça estiverem bem dourados, acrescentar a cebola batida e deixar dourar mais um pouco.
5. Bater o feijão no liqüidificador e acrescentar à panela.
6. Corrigir o sal e deixar ferver.
7. Juntar a farinha de mandioca e deixar ferver mais um pouco, mexendo bem.

VINHO: Um Morellino di Scansano despretensioso, com notas de evolução no aroma, um toque de dureza na boca e um retrogosto com boa duração.

Tempura de Broto de Feijão com Guacamole Oriental

SUSHI LEBLON | Rio de Janeiro

Preparo do molho:
1. Reduzir* o vinagre balsâmico em fogo alto por 15 minutos e misturar com o molho *teriyaki*.

Preparo da guacamole:
1. Amassar grosseiramente o abacate. Em seguida, misturá-lo aos demais ingredientes.

Preparo da *tempura*:
1. Para a massa: misturar a farinha, o fermento, a água, a gema e o sal até virar uma massa homogênea e lisa. Reservar.
2. Cozinhar o broto de feijão em água fervente por um minuto. Escorrer a água e colocá-lo no *mirin* gelado.
3. Dividir o broto de feijão em 8 porções, apertando bem para escorrer o líquido. Fazer 8 ninhos e reservar. Passar os ninhos na massa de *tempura* e fritar até que fiquem dourados.

Para o molho *teriyaki*:
200ml de vinagre balsâmico
 (1 copo)
100ml de molho *teriyaki*
 (10 colheres de sopa)

Para a guacamole:
2 abacates médios
50ml de molho *shoyu* (5 colheres de sopa)
3g de cebola roxa picadinha
 (1 colher de café)
3g de gengibre em pasta
 (1 colher de café)
3g de pimenta dedo-de-moça
 (1 colher de café)
suco de 2 limões sicilianos coado (4 colheres de sobremesa)

Para a *tempura*:
210g de farinha de trigo
 (2 xícaras bem cheias)
10g fermento em pó
 (2 colheres de chá)
350ml de água (2 copos rasos)
1 gema
5g de sal (1 colher de chá)

1kg de broto de feijão
300ml de saquê *mirin*
(1 1/2 copo)
1 litro de óleo para fritura

Utensílio necessário:
escorredor

Montagem:

1. Colocar a *tempura* já frita no centro do prato e guarnecer com a guacamole. Regar com o molho.

VINHO: Um intenso Champagne *sec*, com sua acidez persuasiva para fazer frente à guacomole e à *tempura*, e seus 17g a 35g de açúcar para a contraposição ao balsâmico e aos limões.

Sopa Fria de Feijão

VINHERIA PERCUSSI | São Paulo

PREPARO:
1. Cozinhar o feijão na água por 2 horas. Coar e reservar o líquido do cozimento.
2. Descascar os tomates e tirar as sementes.
3. Bater os tomates e o feijão no liqüidificador. Temperar com sal e pimenta.
4. Acrescentar ao purê obtido com a mistura do feijão e do tomate, o vinagre e o azeite. Juntar o alho, as *échalotes* e as fatias do cerefólio. Se o purê continuar grosso, adicionar o líquido do cozimento do feijão.
5. Deixar resfriar por 2 horas. Colocar a sopeira sobre cubos de gelo. Servir gelado. Adicionar 1 colher generosa de caviar sobre o creme.

250g de feijão-branco
2 1/2 litros de água
2kg de tomate graúdo
sal e pimenta-do-reino a gosto
10ml de vinagre de vinho
 (1 colher de sopa)
200ml de azeite (20 colheres
 de sopa)
15g de alho (3 dentes)
15g de *échalotes* picadas
 (3 unidades)
cerefólio fatiado
cubos de gelo
60g de caviar

Utensílios necessários:
coador, liqüidificador, sopeira

VINHO: A riqueza e intensidade no plano olfativo, o calor alcoólico e um toque de frescor de um grande Trebbiano d'Abruzzo, elaborado com a casta Bombino Bianco, farão o contraste desejável com essa sopa cheia de personalidade.

Massas & Grãos

Nhoque dos Camponeses para Pavarotti

EMPÓRIO RAVIÓLI | São Paulo

Preparo do molho:
1. Cozinhar o feijão com o louro, o sal e os grãos de pimenta em 1 litro de água. Escorrer após 40 minutos e reservar.
2. Refogar a cebola e a lingüiça na manteiga e ajustar o sal. Reservar.
3. À parte, refogar os feijões no azeite com a sálvia e deixar tomar gosto. Juntar o tomate, a cebola e a lingüiça, deixando no fogo por alguns minutos.
4. Corrigir o sal e a pimenta.

Preparo do nhoque:
1. Deixar o pão de molho no leite e no creme de leite. Adicionar a pitada de sal. Depois de amolecido, passar por um moedor ou centrífuga.
2. Juntar ao pão a farinha, o *parmigiano reggiano*, a manteiga, a noz-moscada e a gema. Amassar bem, ajustar o sal e fazer os nhoques não muito grandes.
3. Ferver 5 litros de água em uma panela e colocar aos poucos os nhoques até

Para o molho:
400g de feijão-rajado fresco
3 folhas de louro
sal a gosto
12 grãos de pimenta-do-reino
1 litro de água
120g de cebola cortada bem fino
    (2 1/2 unidades médias)
200g de lingüiça calabresa
    fresca, sem pele e picada
80g de manteiga sem sal
    (3 colheres de sopa)
160ml de azeite extravirgem
    (16 colheres de sopa)
6 folhas de sálvia
520g de tomate bem maduro,
    sem pele e sem semente
    (6 1/2 unidades médias)
sal e pimenta-do-reino a gosto

Para o nhoque:
240g de pão amanhecido
200ml de leite integral (1 copo)
160ml de creme de leite fresco
    (1 copo)
1 pitada de sal
280g de farinha de trigo
    (3 xícaras)

80g de queijo *parmigiano reggiano* (8 colheres de sopa)
40g de manteiga sem sal derretida (1 1/2 colher de sopa)
noz-moscada a gosto
gema de 1 ovo pequeno
5 litros de água
15g de salsa picada (1 1/2 colher de sopa)
queijo *parmigiano reggiano* para polvilhar

Utensílios necessários: escorredor, processador de alimentos ou centrífuga, escumadeira

que estes levantem à superfície. Retirar com a escumadeira.

4. Adicionar o molho e finalizar, salpicando com a salsa e polvilhando o *parmigiano reggiano* sobre o molho.

VINHO: A esses sabores camponeses associo o caráter de um Chianti da denominação Rufina.

Rasgados de Massa com Feijão à Romana

ARLECCHINO | Rio de Janeiro

PREPARO:

1. Misturar a farinha, os ovos, as gemas e o sal numa vasilha até virar uma massa homogênea. Cobrir com um pano úmido e deixar descansar por 1 hora.
2. Usar o cilindro para laminar e fazer folhas retangulares. Recortar as folhas grosseiramente para obter uma massa do tipo *pappardelle*, curtas e mal recortadas.
3. Em uma panela, colocar 2 litros de água salgada, a cebola, a cenoura, os talos de aipo, a batata e o tomate e deixar ferver para obter o caldo de legumes. Separar as batatas, coar o caldo e reservar.
4. À parte, cozinhar o feijão-mulatinho em 2 litros de água por 2 horas. Quando o feijão estiver quase pronto, escorrer, separar 1/3 de seu conteúdo e bater no liqüidificador.
5. Na caçarola, colocar o azeite e a banha de porco para refogar em fogo brando junto com a cebola. Deixar a cebola ficar bem transparente, sem dourar, e

Para a massa:
400g de farinha de trigo de grão duro (4 xícaras)
2 ovos inteiros
6 gemas
5g de sal (1 colher de chá)

Para o caldo de legumes:
2 litros de água salgada a gosto
50g de cebola picada (1 unidade média)
100g de cenoura picada em pedaços médios, sem casca (2 unidades médias)
80g de aipo picado em pedaços médios
200g de batata sem casca picada em pedaços pequenos (2 unidades médias)
160g de tomate sem pele maduro, inteiro (2 unidades médias)

Para o caldo:
200g de feijão-mulatinho
100ml de azeite extravirgem (10 colheres de sopa)
50g de banha de porco

50g de cebola picada (1 unidade média)
100g de extrato de tomate (8 colheres de sopa)
sal e pimenta-do-reino a gosto

Utensílios necessários:
cilindro para massa, coador, escorredor, liqüidificador, caçarola

Obs.: Desejando usar massa para *pappardelle* já pronta, basta cortá-la grosseiramente em pedaços.

juntar o extrato de tomate. Ferver um pouco e acrescentar o caldo de legumes e o feijão cozido.

6. Adicionar as batatas que foram reservadas e o feijão batido. Ajustar o sal e deixar ferver novamente.
7. Quando o caldo ferver, colocar os pedaços pequenos da massa e deixar cozinhar por cerca de 4 minutos. Servir bem quente e, se desejar, polvilhar com parmesão.

VINHO: Harmonia por tradição, sem apartar-se da técnica: um Sangiovese di Romagna, da zona de Forlì.

Feijão Cannellini com Sálvia e Bacon

FAMIGLIA CALICETI-BOLOGNA | Curitiba

PREPARO:

1. Deixar o feijão de molho em água fria por 4 horas, escorrer. Cozinhá-lo nos 2 litros de água com o aipo e metade da sálvia por 2 horas.
2. Ferver o *bacon* numa pequena panela por 10 minutos. Escorrer a água e cortá-lo em cubinhos, separando a carne magra da gordura. Reservar a carne magra. Picar a gordura bem fino e refogá-la numa frigideira com o óleo, a cebola, o restante da sálvia, o alecrim e o alho. Deixar cozinhar por 4 a 5 minutos.
3. Misturar o feijão cozido e escorrido ao molho feito com a gordura do *bacon*.
4. Acrescentar o sal, a pimenta, o tomate, o *bacon* em cubinhos e o vinho.
5. Deixar descansar por alguns minutos para que os ingredientes se integrem.

500g de feijão *cannellini sacchi* (branco-cavalo)
2 litros de água
150g de aipo de talo branco picado (4 unidades)
2 folhas de sálvia picadas
125g de *bacon* defumado com gordura
10ml de óleo (1 colher de sopa)
50g de cebola picada (1 unidade média)
1 galho pequeno de alecrim
5g de alho picado (1 dente)
sal e pimenta-branca a gosto
180g de tomate sem pele maduro e picado em cubinhos (2 unidades: 1 média e 1 grande)
50ml de vinho tinto seco leve (5 colheres de sopa)

Utensílio necessário:
escorredor

VINHO: Um Rosso Piceno, da região do Marche, de médio corpo e com equilíbrio ligeiramente voltado para a dureza dos taninos comporá um belo quadro da Itália central.

Lasanha de Feijão

CHEZ GEORGES | Olinda

Para a massa:
10ml de azeite (1 colher de sopa)
1/2 maço de cheiro-verde
2 ovos
250g de farinha de trigo (2 1/2 xícaras)

Para o recheio:
350g de feijão-verde cozido
200g de charque desfiado acebolado
300g de queijo de coalho cortado em cubinhos
50g de alho picado e frito (10 dentes)
300ml de molho bechamel* (molho branco) (2 1/2 copos)
50ml de creme de leite (5 colheres de sopa)
sal e pimenta-do-reino a gosto
manteiga para untar as fôrmas
50g de parmesão ralado (5 colheres de sopa)

Utensílios necessários:
liqüidificador, cilindro (para massa), escorredor, 4 fôrmas refratárias de 19cm x 10cm

Preparo da massa:
1. Bater no liqüidificador o azeite, o cheiro-verde e os ovos.
2. Despejar o conteúdo do liqüidificador numa tigela e misturar com a farinha. Trabalhar a massa com as mãos por 10 minutos e deixar descansar por 1 hora.
3. Dividir a massa em 3 porções e passá-las separadamente no cilindro.
4. Numa panela com água fervente, cozinhar a massa até ficar *al dente*. Retirar e lavar em água fria. Escorrer e deixar repousar sobre um pano seco.

Preparo do recheio:
1. Numa panela à parte, misturar o feijão, o charque, o queijo de coalho, o alho frito e o molho bechamel* ainda quente. Ao final, juntar o creme de leite, o sal e a pimenta.
2. Para montar a lasanha, untar levemente as 4 fôrmas refratárias com manteiga. Colocar o recheio, espalhando-o de maneira uniforme. Cobrir com a

massa e repetir a operação mais uma vez. Ao final, espalhar um pouco do molho bechamel e polvilhar com o parmesão ralado. Levar ao forno por 15 minutos. Servir em seguida.

VINHO: Um ótimo Cabernet Sauvignon da Serra Gaúcha, de média estrutura, acidez agradável e dotado de notas herbáceas, engrandece bastante essa lasanha de feitio nordestino.

Espaguete com Creme de Feijão

GOSTO COM GOSTO I Visconde de Mauá

Para o caldo de carne:
1kg de músculo
4 litros de água
50g de cenoura
   (1 unidade média)
50g de aipo
100g de cebola
   (1 unidade grande)
sal e pimenta-do-reino a gosto

Para o creme de feijão:
500g de feijão-mulatinho
2 litros de caldo de carne
200g de *bacon* picado
100g de cebola cortada bem fino
   (1 unidade grande)
30g de alho picado (6 dentes)
5g de pimenta dedo-de-moça
   cortada bem fina
sal a gosto
400g de espaguete
120g de parmesão ralado
   (12 colheres de sopa)

Utensílios necessários:
coador, liqüidificador, escorredor

Preparo do caldo de carne:
1. Juntar todos os ingredientes numa panela e ferver por cerca de 1 hora.
2. Coar e levar o caldo novamente à panela, deixar ferver e reduzir* até chegar a 2 litros.

Preparo do espaguete:
1. Cozinhar o feijão no caldo de carne até ficar *al dente*. Acrescentar água ao caldo se necessário. Reservar 200g dos grãos de feijão.
2. Bater no liqüidificador o restante do feijão, inclusive o caldo.
3. Derreter o *bacon* em uma panela à parte. Fritar a cebola e o alho na gordura do *bacon*. Acrescentar os grãos reservados e a pimenta. Fritar mais um pouco até que todos os ingredientes se incorporem. Acrescentar o feijão batido e deixar ferver em fogo baixo até virar um creme. Acertar o sal.

4. Quando o creme de feijão estiver quase pronto, cozinhar o espaguete à parte até a massa ficar *al dente*. Escorrer.
5. Montagem: dispor o espaguete no centro do prato, formando um ninho. Por cima, colocar o creme de feijão, tendo o cuidado de arrumar os grãos. Polvilhar com o parmesão ralado e fazer desenhos com pedaços de pimenta dedo-de-moça no prato.

VINHO: A tendência ao doce do creme de feijão e da massa casa bem com a acidez de um jovem Crozes-Hermitage, que ainda combina com o prato nos quesitos corpo, intensidade do olfato e fim-de-boca.

Risoto de Feijões com Parma e Porcini

ENOTRIA | Rio de Janeiro

35g de feijão-vermelho
30g de feijão-branco
35g de fava verde
3 1/2 litros de água
80g de presunto de Parma
100g de *funghi porcini*
10g de cebola (1 colher de sopa)
20g de manteiga (1 colher de sopa rasa)
500g de arroz *arborio* não lavado
2 1/2 litros de caldo de frango (ver receita na p. 47)
20ml de vinho tinto (2 colheres de sopa)
80g de parmesão (8 colheres de sopa)
5g de salsa picada (1/2 colher de sopa)

Utensílio necessário: escorredor

PREPARO:

1. Cozinhar cada um dos 3 tipos de feijão em 1 litro de água: vermelho, 2 horas; branco, 2 horas; fava verde, 1 hora e 40 minutos. Reservar.
2. Fatiar o presunto, hidratar* o *funghi porcini* em 1/2 litro de água por 20 minutos. Escorrer reservando o caldo.
3. Dourar a cebola na manteiga e acrescentar o arroz. Misturar 1 copo do caldo de frango com a água utilizada para hidratar o *funghi* e adicionar ao arroz. Juntar o vinho e mexer. À medida que o líquido for se reduzindo, acrescentar mais caldo, mexendo até o arroz ficar *al dente*.
4. Adicionar os feijões, o presunto e o *funghi* e mexer por mais ou menos 5 minutos. Juntar o queijo parmesão e a salsa. Mexer por mais 2 minutos e servir imediatamente.

VINHO: A austeridade de um piemontês, como um Barbaresco, engendra o contraponto necessário à suculência, à riqueza amilácea e, finalmente, à untuosidade desta receita.

Mexido de Feijão

LA CACERIA | Gramado

600g de feijão-preto
4 litros de água
1 folha de louro
100g de cebola picada
   (1 unidade grande)
150g de *bacon* picado
25g de sal (5 colheres de chá)
3g de manjerona picada
   (1 colher de chá)
pimenta-do-reino e
   pimenta-malagueta
   em conserva a gosto
50g de farinha de trigo
   (1/2 xícara)

PREPARO:

1. Cozinhar o feijão durante 1 hora e 20 minutos em 4 litros de água com o louro.
2. Separar 2 xícaras do feijão já cozido, amassar e colocar em uma panela com o restante do feijão. Misturar tudo e cozinhar em fogo baixo por mais 20 minutos.
3. Numa frigideira, fritar a cebola e o *bacon*. Assim que o *bacon* estiver bem frito, acrescentá-lo ao feijão e, em seguida, colocar os demais ingredientes, deixando a farinha por último.
4. Cozinhar por mais 10 minutos em fogo baixo, mexendo bem. Servir imediatamente.

VINHO: Fresca em acidez e firme quanto aos taninos, uma perfumada Freisa do Piemonte é ideal na limpeza da "cobertura" gerada pelo feijão no palato.

Ravióli de Feijão-Branco com Lagostins

SPLENDIDO RISTORANTE | Belo Horizonte

PREPARO:

1. Colocar a farinha no meio de uma mesa (de madeira ou mármore) e fazer um buraco no centro da farinha. Inserir os ovos e o azeite. Com a ajuda de um garfo, incorporar a farinha, no sentido do buraco para fora. À medida que o buraco for se expandindo, levantar a farinha da base do monte para conservar a forma.
2. Amassar bem com a palma das mãos. Quando a massa estiver homogênea, retirar e limpar bem a mesa. Jogar farinha sobre a massa e continuar amassando por mais 5 minutos. A massa deve estar elástica e pegajosa.
3. Embrulhar a massa no filme plástico e deixar descansar por 30 minutos à temperatura ambiente. Dividir em quatro porções iguais e esticar cada uma o mais fino possível.
4. Enquanto a massa descansa, preparar o recheio. Bater 1 xícara de feijão com o ovo, o azeite, o vinagre balsâmico, o parmesão e a salsa no processador até

Para a massa:
400g de farinha de trigo especial (4 xícaras)
4 ovos grandes
10ml de azeite extravirgem (1 colher de sopa)

Para o recheio:
500g de feijão-branco em lata
1/2 ovo (bater clara e gema com um garfo e dividir o conteúdo pela metade)
50ml de azeite extravirgem (5 colheres de sopa)
25ml de vinagre balsâmico (2 1/2 colheres de sopa)
60g de queijo parmesão ralado (6 colheres de sopa)
10g de salsa picada (1 colher de sopa)

Para o molho:
15g de alho fatiado fino (3 dentes)
1 pimenta-verde suave picada
100ml de azeite extravirgem (10 colheres de sopa)
1/2kg de tomate (5 unidades grandes)
2 1/2kg de lagostins cozidos e descascados

50g de folhas de basilicão
20g de casca de limão cortada à juliana* (1 colher de chá)
sal e pimenta-do-reino a gosto

Utensílios necessários:
filme plástico, processador de alimentos, bacia, frigideira grande, coador

obter uma consistência macia. Numa bacia, misturar o conteúdo batido com o restante do feijão.

5. Cortar cada tira de massa em oito quadrados de 9cm. Colocar 1 1/2 colher de sopa do recheio no meio de cada quadrado e fechar no sentido diagonal, formando um triângulo. Pressionar firmemente as bordas para fechar bem. Rende cerca de 32 raviólis.
6. Para o molho: na frigideira grande, dourar o alho e a pimenta-verde em azeite por cerca de 2 minutos. Tirar as pontas dos tomates, cortá-los em cubos de 2cm e juntar ao alho e à pimenta. Cozinhar por aproximadamente 10 minutos até começar a tomar consistência de molho. Juntar os lagostins, o basilicão e a casca de limão e acertar o sal e a pimenta.
7. Cozinhar os raviólis em uma quantidade abundante de água fervente e salgada até que eles subam à superfície (cerca de 3 minutos). Coar os raviólis. Juntar o molho e servir.

VINHO: Da província de Avellino, na Campania, vem um branco de alma irrepreensivelmente mediterrânea: o Greco di Tufo. Glicericamente macio para os elementos ácidos do prato e alcoolicamente quente para enxugar a dupla suculência/suntuosidade.

Ravióli de Feijão-Preto

O NAVEGADOR | Rio de Janeiro

Preparo da massa:
1. Fazer um monte com a farinha, formando uma cova no centro e nela adicionar os demais ingredientes. Misturar levemente com a mão, fazendo movimentos circulares para que o líquido seja incorporado à massa.
2. Trabalhar a massa com as mãos. Deixar descansar por 2 horas.
3. Assim que o recheio estiver pronto, passar a massa no cilindro e cobrir cada camada com o filme plástico para não ressecar.

Preparo do recheio:
1. Fritar o *bacon* e escorrer a metade da gordura. Juntar a cebola, o alho, a cebolinha, o coentro e o feijão cozido e escorrido.
2. Refogar e amassar bastante usando o amassador de metal.
3. Deixar esfriar completamente.

Para a massa:
600g de farinha de trigo
 (6 xícaras)
3 ovos inteiros
20g de sal (4 colheres de chá)
sumo e casca ralada fino de
 1/2 limão (7ml de sumo
 e 20g de raspa)

Para o recheio:
200g de *bacon* picado
50g de cebola (1 unidade média)
30g de alho (6 dentes)
20g de cebolinha (2 colheres
 de sopa)
10g de coentro picado (1 colher
 de sopa)
500g de feijão-preto cozido
 em 6 litros de água com
 1 folha de louro por 3 horas

Utensílios necessários:
cilindro nº 1, filme plástico,
escorredor, amassador de metal

Montagem:
1. Abrir a massa e fazer retângulos de 10cm x 7cm.
2. Preencher cadaravióli com 1 colher de sopa cheia do recheio.
3. Fechar o ravióli apertando as pontas.
4. Cozinhar em água fervente abundante e salgada.
5. Servir com molho de tomate e coentro.

VINHO: Um Barbera argentino de médio calibre, com frescor que caracteriza essa casta do Piemonte, e sem a influência exagerada de carvalho novo.

Galette de Feijão-Preto com Vinagrete de Quiabo

BOULEVARD | Curitiba

PREPARO:

1. Cozinhar o feijão por 3 horas na água junto com 1 dente de alho, as folhas de louro, a costelinha de porco e o *bacon* até ficar bem cozido. Escorrer a água, bater o feijão no liqüidificador e passar na peneira enquanto ainda estiver quente.
2. Adicionar os ovos inteiros, o leite, o sal, a pimenta-branca, a noz-moscada, as 2 claras em neve e a farinha de trigo peneirada até dar o ponto de massa líquida para fazer as *galettes*.
3. Ferver 4 colheres de sopa de manteiga até reduzir,* descartando cuidadosamente a espuma que se formar. Misturar o alecrim e 1 dente de alho picadinho na manteiga para aromatizá-la.
4. Com a concha, despejar a massa em uma frigideira com a manteiga aromatizada, dourando ambos os lados. A massa deverá render 4 *galettes*.
5. À parte, preparar o quiabo, cortando-o em pequenas rodelas. Em seguida, passar o quiabo em água fervendo com

300g de feijão-preto
3 litros de água
15g de alho (3 dentes)
2 folhas de louro
65g de costelinha de porco
30g de *bacon*
2 ovos inteiros
50ml de leite (5 colheres de sopa)
sal e pimenta-branca a gosto
1 pitada de noz-moscada
2 claras batidas em neve
50g de farinha de trigo
100g de manteiga (4 colheres de sopa)
5g de alecrim (1 colher de chá)
400g de quiabo bem fresco
150ml de vinagre tinto de ótima qualidade (1 1/2 copo)
10ml de azeite (1 colher de sopa)
50g de cebola picada (1 unidade média)
100g de tomate picado, sem pele e sem semente (1 unidade grande)
75g de manteiga gelada e sem sal (3 colheres de sopa)
10g de *ciboulette* picada (1 maço)

10g de coentro picado (1 colher de sopa)

Utensílios necessários: escorredor, liqüidificador, peneira, concha, 4 pratos fundos

sal e um pouco de vinagre. Enxaguar em água corrente. Escorrer e saltear* em uma frigideira quente com o azeite e a cebola. Adicionar o tomate e os dentes de alho restantes.

6. Montagem: na hora de servir, juntar o vinagre tinto ao quiabo, corrigir o sabor e acrescentar a manteiga. Distribuir as *galettes* em cada prato e colocar as porções do quiabo e seu vinagrete de forma que não escondam as *galettes*. Salpicar a *ciboulette* e o coentro. Servir quente.

VINHO: Harmonia trabalhosa, vinho polivalente: um Recioto della Valpolicella. A maciez lograda pelo trinômio álcool-glicerina-açúcar residual para amortecer o vinagre e enxugar a untuosidade; a sapidez da corvina e a acidez da molinara dialogando com as *galettes* e, finalmente, a intensidade e a persistência do paladar e dos aromas do vinho em concordância com os do prato.

Delícia do Sertão

MOANA | Fortaleza

PREPARO:

1. Cozinhar o feijão-verde nos 3 litros de água por 1 hora e 20 minutos.
2. Numa panela à parte, aquecer o óleo em fogo alto e fritar o *bacon* e a lingüiça. Acrescentar 20ml de manteiga de garrafa, os extratos de alho e cebola, o coentro e o tomilho. Em seguida, colocar um pouco do feijão, os miolos de pão e o queijo de coalho cortado em cubinhos. Mexer até obter uma boa consistência.
3. Colocar essa massa no aro e prensar delicadamente, formando uma *tortilla*. Cobrir com o queijo de coalho ralado e levar ao forno para gratinar.*
4. Esquentar a frigideira e colocar 30g de goma de tapioca fresca previamente peneirada. Passados alguns minutos, virar a goma do outro lado e retirar a frigideira do fogo. Repetir o processo 3 vezes para obter 4 tapiocas.
5. Montagem: em cada prato, colocar uma das 4 tapiocas. Em seguida, molhar cada uma delas com o leite de coco e

270g de feijão-verde
3 litros de água
10ml de óleo (1 colher de sopa)
120g de *bacon* em cubinhos
120g de lingüiça calabresa
    em cubinhos
100ml de manteiga de garrafa
    (10 colheres de sopa)
80g de extrato de alho
    (8 colheres de sopa)
80g de extrato de cebola
    (8 colheres de sopa)
10g de coentro picado
    (1 colher de sopa)
10g de tomilho (1 colher
    de sopa)
miolo de 4 unidades
    de pão francês
120g de queijo de coalho fresco
    em cubinhos
80g de queijo de coalho fresco
    ralado grosso
120g de goma de tapioca fresca
    (1 xícara bem cheia)
60ml de leite de coco
    (6 colheres de sopa)
1 ramo de salsa crespa
    para decorar
10g de salsa picada (1 colher
    de sopa)

Utensílios necessários:
aro de inox de aproximadamente 12cm, ralador, peneira, frigideira antiaderente, 4 pratos de 27cm de diâmetro

o restante da manteiga de garrafa. No centro de cada prato, dispor uma *tortilla* de feijão gratinada. Colocar o ramo de salsa crespa no centro para decorar e polvilhar com a salsa picada ao redor do prato, sem deixar cair sobre a tapioca.

VINHO: Um tinto de boa acidez, frutado, com uma presença de boca marcante, mas de corpo médio. Vamos a um Pinot Noir da Nova Zelândia, de estilo mais jovem, menos complexo.

Feijão Caipira

PAPAGUTH | Vitória

PREPARO:

1. Cortar a lingüiça calabresa em rodelas finas. Fritar no azeite a lingüiça, a cebola e o alho. Em seguida, refogar a couve picadinha nessa mistura.
2. Em fogo baixo, acrescentar aos poucos o feijão cozido e a pimenta-do-reino.
3. Adicionar a farinha de mandioca em pequenas porções, mexendo sempre com um garfo até obter uma consistência úmida. Verificar o sal. Colocar mais se necessário.
4. Em uma panela à parte, refogar o arroz e o alho no azeite até dourar.
5. Cortar a batata-doce em cubos. Adicionar o sal e a batata-doce picada à panela em que está o arroz. Acrescentar a água bem quente até o completo cozimento do arroz.
6. Montagem: na hora de servir, misturar a cebolinha ao feijão. Arrumar o prato, colocando o feijão de um lado e o arroz de outro. Decorar com 1 ramo de salsa e rodelas de pimenta dedo-de-moça.

Para o feijão:
150g de lingüiça calabresa
30ml de azeite (3 colheres de sopa)
100g de cebola roxa cortada em rodelas (1 unidade grande)
10g de alho (2 dentes)
1 maço de couve
500g de feijão-carioquinha cozido em 2 litros de água por 1 hora e 40 minutos
sal e pimenta-do-reino a gosto
50g de farinha de mandioca (1/2 xícara)

Para o arroz:
200g de arroz (2 xícaras)
10g de alho picado (2 dentes)
40ml de azeite (4 colheres de sopa)
100g de batata-doce (2 unidades grandes)
5g de sal (1 colher de chá)
400ml de água quente (4 copos)
20g de cebolinha verde picada (2 colheres de sopa)
1 maço de salsa para decorar
1 pimenta dedo-de-moça

VINHO: A deliciosa acidez de um Bairrada tinto, além de sua natural dose de rusticidade, torna esse vinho o parceiro ideal e despojado para o prato.

Panqueca Noite de Gala

QUADRIFOGLIO | Rio de Janeiro

PREPARO:

1. Deixar o feijão de molho por 12 horas até ficar bem macio. Cozinhar em água e sal por cerca de 1 hora e 40 minutos, escorrer e deixar esfriar. Passar pelo processador até virar uma pasta granulada, sem triturar demais os grãos.
2. Colocar a pasta de feijão na tigela e juntar o ovo, o parmesão, a cenoura, o aipo, a hortelã e a noz-moscada. Acertar o sal e adicionar uma pitada de pimenta. Misturar tudo muito bem até formar uma massa. Fazer as panquecas nos aros. Antes, umedecer as mãos para ajudar nessa formatação.
3. Colocar as panquecas sobre o papel antiaderente e levar ao forno por 20 a 30 minutos, em temperatura média, até secarem e ficarem firmes. Reservar em local aquecido.
4. Dourar 3 colheres de sopa de manteiga na frigideira. Juntar os filés passados na farinha. Deixar dourar de ambos os lados. Retirar os filés da frigideira e

70g de feijão-branco
1 ovo inteiro
20g de parmesão ralado (2 colheres de sopa bem cheias)
100g de cenoura descascada, picada em cubinhos de 0,5cm (1 unidade grande)
50g de aipo sem fio (o melhor de sua parte interior), picado em cubinhos de 0,5cm
3 colheres de sopa de hortelã
1 pitada de noz-moscada
sal a gosto
1 pitada de pimenta-do-reino
150g de manteiga (6 colheres de sopa)
40g de farinha de trigo (4 colheres de sopa)
600g de filé *mignon* (4 bifes de 2cm de altura e circunferência inferior a 8cm)
suco de 4 laranjas-pêra
1 colher de sobremesa de *curry* "suave" *mild* importado
1 buquê de salsa crespa para decorar

Utensílios necessários: escorredor, processador de alimentos, tigela, aros de 8cm de circunferência por 2cm de espessura, papel antiaderente, frigideira grande

mantê-los aquecidos enquanto prepara o molho.

5. Para o molho: usando a mesma frigideira, juntar o suco de laranja e o *curry*. Mexer bem. Deixar reduzir* e juntar as 2 colheres de sopa de manteiga restantes. Acertar o sal. Misturar bem e usar imediatamente.

6. Montagem: no centro de um prato, colocar a panqueca de feijão. Sobre a panqueca, dispor o filé e, em seguida, o molho bem quente. Decorar com um buquê de salsa crespa.

VINHO: Um Zinfandel californiano, quente e tânico, mas sobretudo muito intenso em suas notas de fruta madura e especiarias.

Peixes & Crustáceos

Feijão Japa

EMPORIUM PAX | Rio de Janeiro

500g de feijão-*azuki*
4 litros de água
10ml de óleo de gergelim (2 colheres de chá)
10g de alho picado (2 dentes)
1 maço de *nirá* picado em pedaços de cerca de 3cm
10ml de molho *shoyu* (2 colheres de chá)
100g de queijo tofu em cubos
1/2 maço de salsa picada
600g de atum (para dividir em 4 porções)
5g de sal (1 colher de chá)
2g de pimenta-do-reino (1 colher de café)

Utensílios necessários:
panela de pressão, escorredor, chapa para grelhar

PREPARO:

1. Colocar o feijão na panela de pressão com 4 litros de água. Depois de atingida a pressão, deixar cozinhar por 30 minutos. Escorrer o caldo e reservar.
2. Dourar numa frigideira o óleo de gergelim e o alho.
3. Adicionar o *nirá*, o *shoyu*, o feijão, o tofu e a salsa. Reservar.
4. Temperar o atum com o sal e a pimenta. Grelhar na chapa quente por 3 minutos.
5. Montagem: colocar o feijão em um prato raso e sobre ele dispor o atum

VINHO: Um Riesling Spätlese, do Rheinpfalz, preferencialmente um *halbtrocken*, trará novas sensações a esse prato sedutor.

Frutos do Mar com Feijão

DOM GIUSEPPE | Belém

PREPARO:

1. Cozinhar o feijão na água com o sal até ficar *al dente*, por cerca de 1 hora e 40 minutos.
2. Em fogo alto, refogar no azeite a cebola, a cenoura e o aipo até a cebola ficar translúcida. Acrescentar o alho e a pimenta calabresa, deixando dourar ligeiramente. Misturar o polvo, a lula e o tomate e, em seguida, o feijão já cozido. Adicionar água, de maneira que ultrapasse 10% do volume dos ingredientes. Ferver por 15 minutos (é importante não deixar que o feijão desmanche). Acertar o sal.
3. Retirar do fogo, acrescentar a pimenta-do-reino, o vinagre e mais um pouco de azeite.
4. Servir morno em prato de sopa e decorar com as folhas do aipo.

400g de feijão-branco
3 litros de água
sal a gosto
80ml de azeite extravirgem
    (8 colheres de sopa)
60g de cebola picada
    (1 unidade média)
60g de cenoura ralada bem fino
    (1 unidade média)
60g de aipo (1 1/2 talo)
15g de alho picado (3 dentes)
15g de pimenta calabresa
    picada bem fino (1 colher
    de sopa)
200g de polvo limpo
200g de anéis de lulas
120g de tomate maduro picado,
sem pele e sem semente
    (1 1/2 unidade média)
pimenta-do-reino a gosto
60ml de vinagre de vinho branco
    (6 colheres de sopa)
folhas de aipo para decorar

VINHO: Exaltam-se com a untuosidade, o calor alcoólico e a fineza de um Tocai Friulano do Collio, no Friuli.

Ceviche de Camarões com Feijão Refrito

CARÊME BISTRÔ | Rio de Janeiro

Para o feijão:
160g de feijão-mulatinho
40g de cebola (1 unidade pequena)
1 cravo
120g de gordura de barriga de porco
60g de chouriço
1 pimenta dedo-de-moça bem pequena
sal a gosto
20g de cebola picadinha (2 colheres de sopa)

Para o *ceviche* de camarão:
400g de camarões médios (vm) limpos
suco de 4 limões (8 colheres de sobremesa)
sal e pimenta-do-reino a gosto
chili em pó a gosto
160ml de azeite extravirgem (16 colheres de sopa)
10g de alho picado (2 dentes)
40g de pimentão amarelo em cubinhos (1 unidade média)
40g de pimentão vermelho em cubinhos (1 unidade média)
8g de coentro picado (1 colher de sopa)

PREPARO:

1. Remover bem as impurezas do feijão, lavá-lo duas vezes e escorrer. Colocar numa panela e cobrir com água. Acrescentar uma cebola com um cravo espetado, 20g da gordura da barriga de porco, o chouriço e a pimenta. Quando ferver, abaixar o fogo e deixar cozinhar até que as cascas do feijão estejam macias. Adicionar o sal e manter em fogo médio até que o feijão esteja cozido e o caldo mais consistente.

2. Retirar a cebola, o chouriço e a pimenta da panela. Passar os grãos de feijão com um pouco do caldo no espremedor de batata e reservar o caldo restante.

3. Numa frigideira, esquentar o restante da gordura de porco e suar* a cebola picadinha. Adicionar, aos poucos, o feijão "amassado", mexendo sempre para que não grude no fundo. A mistura deve ficar bem pastosa e descolar da frigideira.

4. Esfriar o feijão refrito na bacia com gelo e conservar na geladeira em um recipiente fechado.
5. Preparo do *ceviche*: descascar os camarões crus, lavar e colocar na tigela. Acrescentar o suco de limão, o sal, a pimenta, o *chili*, o azeite, o alho, os pimentões e as ervas. Misturar e conservar na geladeira em um recipiente fechado.
6. Preparo do creme de abacate: bater a polpa de abacate no liqüidificador com o suco de limão e o azeite até obter uma mistura cremosa e homogênea. Adicionar o tabasco e o sal. Guardar num recipiente fechado e coberto com o papel-alumínio para não entrar luz e escurecer o creme.
7. Preparo do *concassé*:* misturar todos os ingredientes e conservar na geladeira num recipiente com tampa.
8. Montagem: colocar o feijão refrito, morno, no fundo de uma bela taça de vinho. Em seguida, alternar camadas de tomate, creme de abacate e *sour cream*. Por último, sobrepor os camarões e decorar com o raminho de coentro e uma *ciboulette*. Servir com *totopos* (*tortillas* fritas) ou *crostinis*.

8g de estragão picado (1 colher de sopa)
8g de salsa picada (1 colher de sopa)

Para o creme de abacate:
240g de polpa de abacate (1/2 unidade média)
suco de 1/2 limão (1 colher de sobremesa)
15ml de azeite extravirgem (1 1/2 colher de sopa)
tabasco e sal a gosto

Para o *concassé*:*
160g de tomate sem pele e sem sementes, em cubinhos (2 unidades médias)
5g de manjericão picado (1 colher de chá)
10ml de azeite extravirgem (1 colher de sopa)
sal a gosto

Para a montagem:
80g de *sour cream* (8 colheres de sopa)
ramos de coentro e galhinhos de *ciboulette* para decorar

Utensílios necessários:
escorredor, espremedor de batata, bacia, tigela de inox, liqüidificador, papel-alumínio, 4 taças de vinho

VINHO: Um *ceviche* tão perfumado, com sensações de doçura dos feijões, dos camarões e do abacate, merecerá um Sauvignon Blanc neozelandês igualmente perfumado, vivaz e macio.

Salteado de Atum Fresco com Feijão

KOJIMA | Recife

PREPARO:

1. Descascar o feijão-verde e cozinhar na água por 1 hora e 20 minutos. Escorrer e lavar em água corrente fria. Reservar.
2. Esquentar o *wok** e colocar o óleo. Girar a panela para umedecer os lados. Saltear* o atum por 5 minutos ou até estar cozido por fora e cor-de-rosa por dentro.
3. Juntar o tomate, a azeitona e o feijão já cozido. Acrescentar o suco do limão, o alho e os filés de anchova. Mexer. Temperar com sal e pimenta a gosto. Servir junto com as folhas de manjericão.

VINHO: Esse sensual diálogo Oriente-Mediterrâneo torna-se ainda mais intenso com o calor de um grande *rosé* da Côte de Provence.

300g de feijão-verde
3 litros de água
20ml de óleo (2 colheres de sopa)
600g de atum fresco cortado em cubinhos
250g de tomate-cereja pequeno
50g de azeitona preta pequena (16 unidades)
suco de 1 limão coado (2 colheres de sobremesa)
10g de alho picado fino (2 dentes)
120g de anchova picada fino (8 filés)
sal e pimenta-preta a gosto
30g de manjericão partido (3 colheres de sopa)

Utensílios necessários:
escorredor, 1 *wok**

Sopa de Feijão-Branco com Camarões

LA VECCHIA CUCINA | São Paulo

500g de feijão-branco
1/2 pé de porco salgado
1 litro de caldo de carne (ver receita na p. 70)
8 folhas de sálvia
30g de alho (6 dentes)
40ml de azeite (4 colheres de sopa)
25g de alho picado (5 dentes)
1kg de camarão médio (vm) limpo
400g de tomate picado, sem pele e sem semente (4 unidades grandes)
sal e pimenta-do-reino a gosto
10g de *ciboulette* (1 colher de sopa)

Utensílios necessários:
panela grande, liqüidificador

PREPARO:

1. Deixar o feijão-branco de molho por 12 horas. Dessalgar* o pé de porco por 5 horas, trocando a água 2 a 3 vezes.
2. Numa panela grande, colocar o feijão e 1 litro de caldo de carne. Juntar a sálvia, os dentes de alho inteiros e o pé de porco. Deixar o feijão cozinhar por aproximadamente 1 hora e 40 minutos. Separar o caldo do feijão e reservar.
3. Em outra panela, adicionar o azeite, o alho picado e os camarões e refogar por 4 a 5 minutos. Acrescentar o tomate e continuar o cozimento por mais 4 minutos.
4. Bater um pouco mais da metade do feijão no liqüidificador com um pouco do caldo reservado. Juntar aos camarões.
5. À panela do cozimento dos camarões, acrescentar o restante do feijão e do caldo. Deixar cozinhar em fogo baixo por aproximadamente 10 minutos até apurar* um pouco. Ajustar o sal e a pimenta. Regar com um fio de azeite e salpicar *ciboulette*.

VINHO: Um Garganega, casta autóctone do Vêneto, ligeiramente barricado, elegante, com fino equilíbrio entre acidez e pseudocalor, protagonizará uma bela harmonia.

Camarões Vestidos com Bacon e Feijão-Rajado

LOCANDA DELLA MIMOSA | Petrópolis

Para o caldo de camarão:
cabeças de 16 camarões
70g de cebola em
   pedaços pequenos
   (1 1/2 unidade média)
40g de aipo em pedaços
   pequenos (1 talo)
45g de alho-poró em pedaços
   pequenos (1 unidade)
20ml de conhaque (2 colheres
   de sopa)
2 cravos
4 grãos de pimenta-do-reino
   inteiros
20g de extrato de tomate
1 litro de água

Para os camarões:
50ml de azeite extravirgem
   (5 colheres de sopa)
30g de cebola roxa
   (1 unidade pequena)
100g de feijão-rajado ou similar
   (cozido em 3 litros de água
   por 2 1/2 horas)
4 folhas de manjericão fresco
16 camarões graúdos (vg)
360g de *bacon* cortado fino
12 folhas de louro fresco
50ml de vinagre balsâmico
   (5 colheres de sopa)

Preparo do caldo de camarão:

1. Remover as caudas dos camarões, deixando apenas as cabeças. Dispor na assadeira e levar ao forno a 160°C por 20 minutos.

2. Enquanto isso, em uma panela, refogar a cebola, o aipo e o alho-poró até ficarem murchos.

3. Retirar do forno as cabeças dos camarões, que estarão tostadas. Adicionar o conhaque à assadeira e deixar deglaçar* até evaporar todo o álcool.

4. Adicionar à panela com os legumes as cabeças dos camarões, os cravos, a pimenta, o extrato de tomate e a água. Ferver por 30 minutos. Coar e deixar esfriar. Reservar.

Preparo dos camarões:

1. Em uma frigideira, refogar, no azeite (30ml), a cebola, o feijão escorrido (previamente cozido *al dente*) e o manjericão até que a cebola esteja cozida, sem dourar.

2. Enquanto o feijão é refogado, envolver os camarões com as fatias de *bacon*, vestindo-os. Em seguida, colocá-los um a um em um espeto, entremeando com uma folha de louro.
3. Aquecer a outra frigideira. Quando estiver bem quente, dispor 2 camarões de cada lado (sem nenhum tipo de gordura) e dourar em fogo alto por 4 minutos. Depois de prontos todos os camarões, adicionar, na mesma frigideira bem quente, o vinagre balsâmico e deixar que evapore. Em seguida, acrescentar o vinho, parte do caldo de camarão e o restante do azeite. Deixar reduzir* até ficar com consistência de vinagrete.
4. Juntar ao feijão refogado o restante do caldo e corrigir o sal e a pimenta.
5. Dispor os camarões na travessa, acrescentar o feijão, regando com o seu caldo. Juntar os tomates e servir bem quente.

100ml de vinho branco seco
(1/2 copo)
200ml de caldo de cabeças de camarão (1 copo)
sal e pimenta-do-reino a gosto
120g de tomate maduro, bem firme, sem pele, em cubinhos
(1 1/2 unidade média)

Utensílios necessários:
assadeira, coador,
16 espetos, 2 frigideiras antiaderentes, travessa

VINHO: A riqueza olfativa de um grande Ribolla Gialla Friulano, com a sua maciez glicérico-alcoólica para amortecer o molho e sua decisiva acidez para o *bacon* será o *partner* ideal para esses sublimes camarões.

Lula Maravilha

OFICINA DO SABOR | Olinda

200g de feijão-preto
1 litro de água
sal e pimenta-do-reino a gosto
2 folhas de louro
150g de cebola picada
 (3 unidades médias)
20ml de azeite (2 colheres de sopa)
200g de manteiga (8 colheres de sopa)
30g de alho cortado em lâminas
 (6 dentes)
200g de camarão pequeno descascado e pré-cozido
20g de coentro picadinho
 (2 colheres de sopa)
4 lulas grandes ou 8 lulas médias
50g de *bacon* cortado em cubos pequenos
60g de pimentão vermelho
 (1 unidade média)
110g de aipo picado
 (1 maço pequeno)
210g de alho-poró em rodelas
 (2 talos)
3 ramos de tomilho
400ml de vinho tinto seco
 (2 copos)

PREPARO:

1. Cozinhar o feijão na água e sal por 1 hora e 40 minutos junto com as folhas de louro. Depois de cozido, escorrer o feijão e reservar o caldo.

2. Passar os grãos do feijão na máquina de moer carne até obter uma massa. Reservar.

3. Em uma panela, refogar 1 cebola junto com 1 colher de sopa de azeite, 4 colheres de sopa de manteiga e o alho. Acrescentar o camarão pré-cozido e dar uma boa refogada. Em seguida, colocar aos poucos a massa de feijão. Juntar um pouco do caldo do feijão até formar uma massa pastosa e consistente que dê para rechear as lulas. Por último, acrescentar o coentro e misturar bem com a massa. Retirar do fogo e reservar.

4. Limpar as lulas separando as cabeças dos corpos com cuidado para não furar. Em seguida, recheá-las fechando com o barbante.

5. Na panela, acrescentar o restante do azeite e da manteiga para refogar o *bacon* junto com as cebolas e o alho que sobraram. Deixar dourar um pouco e, em seguida, adicionar as lulas. Refogar. Agregar o pimentão, o aipo, o alho-poró e o tomilho, sempre mexendo.
6. Por último, adicionar o vinho e o tomate. Temperar com sal e pimenta a gosto. Deixar cozinhar até que a lula fique macia. Servir com legumes ou arroz.

VINHO: As intensas notas frutadas e herbáceas de um Fumé Blanc californiano, sustentadas por uma boa estrutura, se acomodam perfeitamente ao prato.

300g de tomate pelado
    (3 unidades grandes)

Utensílios necessários:
escorredor, máquina de moer carne (elétrica ou manual), barbante, panela ligeiramente funda

Cassoulet do Mar

ORIUNDI | Vitória

1 litro de água
250ml de vinho branco seco
    (1 1/4 de copo)
20g de aipo (1/2 talo)
30g de cebola (1 unidade
    pequena)
150g de polvo
150g de camarões médios (vm)
150g de anéis pequenos de lulas
150g de cauda de lagosta em
    pedaços médios
150g de filé de badejo em
    cubos médios
sal e pimenta-do-reino a gosto
suco de 1 limão (2 colheres
    de sobremesa)
50g de cebola picada
    (1 unidade média)
15g de alho picado (3 dentes)
100ml de azeite extravirgem
    (1/2 copo)
200ml de molho de tomate
    (1 copo)
1/2 pimenta dedo-de-moça
    sem semente, em tirinhas
salsa picada
manjericão em tirinhas
400g de feijão-branco
    pré-cozido com o caldo
    do cozimento

PREPARO:

1. Ferver a água, 50ml de vinho, o aipo e a cebola pequena cortada em rodelas. Adicionar o polvo e deixar cozinhar por cerca de 15 minutos. Depois de cozido, cortar o polvo em rodelas.
2. Temperar os frutos do mar e o peixe com o sal, a pimenta e o suco do limão.
3. Refogar a cebola picada e o alho no azeite até murchar bem.
4. Juntar os frutos do mar, o polvo e o peixe. Refogar.
5. Acrescentar o restante do vinho e deixar evaporar.
6. Juntar o molho de tomate, a pimenta dedo-de-moça, a salsa e o manjericão. Deixar encorpar* um pouco. Acrescentar o feijão escorrido.
7. Acertar o tempero e, se necessário, juntar um pouco do caldo do cozimento do feijão. Salpicar com salsa, regar com um fio de azeite e servir em prato fundo. Se desejar, servir acompanhado de pão italiano fatiado e aquecido.

VINHO: Prato suculento que agradece a força de um Graves branco.

Utensílio necessário: escorredor

Feijão-Branco com Mariscos

PARADOR VALENCIA | Itaipava

1/2kg de feijão-branco (ideal se for *pocha* – feijão-branco grande)
3 litros de água
200g de cebola cortada em 8 pedaços (2 unidades grandes)
2 folhas de louro
150ml de azeite de boa qualidade
150g de pimentão vermelho assado, sem semente e sem pele, esmagado até virar uma pasta (1 1/2 unidade grande)
1/2kg de mariscos (ideal se forem almeijoas ou lambretas)
sal a gosto
50g de *jamón* serrano picado em peças pequenas (só a parte vermelha)
20g de alho fatiado grosseiramente (4 dentes)
10g de pão amanhecido, bem duro (pão francês, de preferência bisnaga)
5g de páprica doce (1 colher de sobremesa bem cheia)

PREPARO:

1. Deixar o feijão de molho em bastante água por pelo menos 12 horas.
2. Colocar o feijão para ferver na panela com 3 litros de água nova, junto com a cebola e as folhas de louro. Assim que a água começar a ferver, abaixar o fogo o máximo possível, o suficiente apenas para manter a fervura. Acrescentar a metade do azeite e o pimentão vermelho. Tampar a panela e deixar cozinhar por cerca de 2 horas até que o feijão fique bem macio, mas tendo cuidado para não deixar desmanchar.
3. Lavar bem os mariscos. Colocar numa frigideira com um pouco de água e sal para cozinhar em fogo baixo até abrirem. Desprezar os que não abrirem. Reservar.
4. Em uma frigideira à parte, colocar o restante do azeite. Deixar esquentar e fritar o *jamón* serrano rapidamente (sem deixar endurecer) e o alho até ficar amarelinho. Acrescentar o pão dormido,

virando para não tostar. Polvilhar com a páprica doce, colocar a pimenta e mexer bem com uma colher de pau, a fim de tingir o pão, o alho e o *jamón* serrano. Colocar tudo num pilão grande e esmagar até virar uma pasta bem uniforme. Se necessário, acrescentar um pouco da água dos mariscos.
5. Recolocar a mistura na frigideira dos mariscos para esquentar um pouco. Em seguida, despejar tudo na panela do feijão. Acertar o sal e deixar ferver em fogo baixo por 10 a 15 minutos. O conteúdo deve ficar bem espesso, sem que o feijão se desfaça.
6. Colocar tudo na sopeira e salpicar a salsa. Servir em seguida.

VINHO: Um grande Verdejo da Rueda faz as honras para essa saborosíssima preparação, com seu vigor, sua potência olfativa e seu meio-de-boca fresco e polposo.

1/2 pimenta dedo-de-moça seca, sem semente e sem talo
80g de salsa picada, sem o talo (8 colheres de sopa)

Utensílios necessários:
panela funda, 2 frigideiras, pilão grande, sopeira

Feijoada Mar e Terra com Farofa de Lula

LA VIA VECCHIA | Brasília

Para o caldo de peixe:
2kg de cabeça de peixe
200g de cebola (2 unidades grandes)
200g de cenoura (2 unidades grandes)
40g de talo de alho-poró (1 unidade)
1/2 maço de aipo
20ml de azeite (2 colheres de sopa)
10 litros de água
200ml de vinho branco (1 copo)

Para a feijoada:
1 1/2kg de feijão-branco
300ml de azeite (30 colheres de sopa)
300g de manteiga (12 colheres de sopa)
100g de alho cortado em lâminas (20 cabeças)
300g de cebola picada (3 unidades grandes)
15g de cravo (10 unidades)
3 unidades de canela em pau
1/2kg de camarões graúdos (vg)
600g de frango defumado desossado*
1 maço de salsa
1 maço de sálvia

Preparo do caldo de peixe:
1. Cortar a cabeça do peixe em quatro pedaços. Reservar.
2. Picar grosseiramente a cebola, a cenoura, o alho-poró e o aipo. Refogá-los por 1 minuto no azeite em uma das panelas com capacidade para 20 litros.
3. Adicionar as cabeças de peixe picadas e refogar por 3 minutos em fogo alto. Juntar a água, o vinho e deixar reduzir* à metade. Coar e reservar.

Preparo da feijoada:
1. Cozinhar o feijão por 1 hora e 30 minutos no caldo de peixe coado.
2. Na outra panela com capacidade para 20 litros, colocar o azeite e a manteiga para esquentar. Acrescentar o alho e a cebola. Deixar murchar. Juntar o cravo e a canela. Refogar bem.
3. Adicionar o camarão e o frango. Por último, as ervas picadas. Juntar o feijão sem o caldo e refogar bem. Colocar

o caldo do feijão e deixar ferver por 10 minutos.

Preparo da farofa de lula:
1. Temperar a lula com o suco de limão e o sal. Reservar por 15 minutos.
2. Na panela com capacidade para 5 litros, derreter a manteiga e, em seguida, dourar o alho.
3. Juntar os anéis de lulas temperados e metade da salsa picada. Refogar por 2 minutos. Adicionar a farinha de mandioca. Acertar o sal e colocar o restante da salsa.

VINHO: Uma boa escolha é um potente e equilibrado Chardonnay do Valle de Casablanca, no Chile. Quente, firme e rico em nuanças olfativas.

1 maço de alecrim
1 maço de manjericão
1 maço de tomilho
1 maço de hortelã

Para a farofa de lula:
1kg de anéis de lulas
80ml de suco de limão (8 colheres de sopa)
sal a gosto
300g de manteiga (12 colheres de sopa)
150g de alho picado (30 dentes)
1/2 maço de salsa picada
500g de farinha de mandioca (5 xícaras)

Utensílios necessários:
2 panelas com capacidade para 20 litros, coador, panela com capacidade para 5 litros

Cuscuz de Feijão-Preto e Camarões

VARIG NO MUNDO

8 camarões graúdos (vg)
1 1/2 litro de água com 1 colher de sobremesa de sal
25g de cenoura (1/2 unidade média)
20g de talo de alho-poró (1/2 unidade)
25g de cebola (1/2 unidade média)
40g de aipo (1 talo)
4 grãos de pimenta-do-reino
200g de feijão-preto de molho em 2 litros de água de véspera
sal e pimenta-do-reino moída na hora, a gosto
50ml de azeite extravirgem (5 colheres de sopa)
1 couve-flor crua (1 unidade pequena)
100g de *brunoise* de abobrinha *brangida* (somente a casca bem verde)
10ml de vinagre de vinho branco (1 colher de sopa)
160g de tomate bem maduro e firme, sem pele e sem sementes, em cubinhos (2 unidades médias)

PREPARO:

1. Descascar os camarões. Reservar a carne e separar as cascas e as cabeças. Colocá-las na caçarola dentro do pano bem fechado junto com a água salgada, junto com a cenoura, o alho-poró, a cebola, o aipo e os grãos de pimenta.

2. Juntar o feijão, tampar a caçarola e deixar cozinhar até que os grãos fiquem cozidos e firmes. Retirar do fogo, coar e reservar em um ambiente aquecido.

3. Separar os legumes e o pano com as cabeças e as cascas de camarão e descartá-los. Passar o caldo que restou na peneira.

4. Reduzir* o volume do caldo até 10%, deixando-o limpo e sem nenhuma impureza. Ao final, ajustar o sal e a pimenta. Misturar e homogeneizar o caldo reduzido com o azeite. Reservar.

5. Cortar os camarões em cubos de 1cm. Na frigideira bem quente e já com azeite, saltear* os camarões em peda-

ços durante 2 minutos junto com as flores da couve-flor e a abobrinha. Borrifar com vinagre e deixar evaporar. Separar todos os ingredientes e reservar em local aquecido.

6. Montagem: misturar o feijão ao camarão que foi salteado junto com a couve-flor e a abobrinha. Temperar com o azeite de camarões. Adicionar o tomate. Quando todos os ingredientes estiverem bem ligados e ainda mornos, montá-los dentro dos aros no centro do prato. Retirar os aros e regar todos os ingredientes com o restante do azeite de camarões. Decorar com 1 galho de tomilho fresco e servir.

VINHO: Um elegante Chardonnay de Central Otago, na Nova Zelândia, com sua sintonia fina entre frescor (contrastando com os legumes e o camarão) e alcoolicidade (para combater a untuosidade do azeite e a suculência dos tomates), agregará ainda mais sofisticação a esta receita.

galhos de tomilho fresco para decorar

Utensílios necessários:
pano de algodão, caçarola, coador, peneira fina, frigideira antiaderente, borrifador, 4 aros de 10cm de aço ou qualquer outro material descartável

Camarões com Molho de Feijão-Roxinho

VECCHIO SOGNO | Belo Horizonte

Para o *flan*:
150g de camarão sem casca e cabeça
sal e pimenta-do-reino a gosto
15ml de conhaque (1 1/2 colher de sopa)
30g de cebola (1 unidade pequena)
2 ovos
1 clara
220ml de creme de leite (1 lata)

Para o molho:
200g de feijão-roxinho
500ml de caldo de peixe (ver receita na pág. 104)
1 litro de água
1 galho de alecrim
110g de cebola (3 unidades: 1 média e 2 pequenas)
200g de cabeça de camarão torrada
40g de aipo (1 talo)
25g de alho (5 dentes)
80ml de azeite extravirgem (8 colheres de sopa)
20 folhas de ora-pro-nóbis picado

Preparo do *flan*:
1. No tacho ou pirex refratário, temperar o camarão com o sal, a pimenta, o conhaque e a cebola. Em seguida, bater o camarão junto com os ovos e a clara em um processador até virar uma pasta bem fina.
2. Recolocar a pasta no tacho ou pirex e deixar sobre cubos de gelo. Acrescentar o creme de leite aos poucos e acertar o tempero. Dispor a mistura em fôrmas individuais e assar em banho-maria* a 120°C.

Preparo do molho de feijão:
1. Cozinhar o feijão junto com o caldo de peixe coado, 1/2 litro de água, um galho de alecrim e uma cebola pequena. Em seguida, passar o feijão no liqüidificador deixando-o bem pastoso.
2. À parte, preparar o bisque de camarão: torrar as cabeças de camarão no forno. Em seguida, ferver por 30 minutos junto com 1/2 litro de água restante, o talo

de aipo e a metade da cebola grande. Coar e reservar.
3. Em uma panela à parte, refogar o alho e a cebola pequena restante em 4 colheres de sopa de azeite. Acrescentar o feijão e o bisque de camarão. Acertar o tempero.
4. Na hora de servir, finalizar com o restante do azeite e acrescentar o ora-pro-nóbis previamente refogado em azeite.

Utensílios necessários:
tacho ou pirex refratário médio, processador de alimentos, liqüidificador, coador, 4 fôrmas individuais

Montagem:
1. Colocar o *flan* no prato, com o molho de feijão ao redor. Regar com um fio de azeite. Decorar com 1 folha de ora-pro-nóbis.

VINHO: Um Borgonha branco de força média, elegante, e de equilibrada relação álcool-frescor: um Saint-Aubin da Côte de Beaune.

Creme de Feijão-Jalo com Bacon e Cavaquinhas

LA SAGRADA FAMILIA | Rio de Janeiro

500g de feijão-jalo
3 litros de água
2 folhas de louro
100g de *bacon*
1 ramo de coentro
4,2kg de cavaquinhas
 (6 unidades de 700g)
50g de alho (10 dentes)
100ml de azeite extravirgem
 (1/2 copo)
sal a gosto
200g de farinha de mandioca
 torrada (2 xícaras)

Utensílios necessários:
panela de pressão, peneira, liqüidificador

PREPARO:

1. Colocar o feijão na panela de pressão junto com a água e o louro. Cozinhar da forma tradicional até que os grãos fiquem bem macios. Deixar esfriar. Separar o caldo com o auxílio da peneira.
2. Bater os grãos com parte do caldo do cozimento no liqüidificador. Adicionar o caldo aos poucos, até obter um creme grosso.
3. Picar o *bacon* em pedacinhos e fritar até que sua gordura se derreta, deixando-os crocantes. Reservar.
4. Lavar e picar o coentro. Reservar.
5. Soltar as cavaquinhas das cascas. Em seguida, lavar e cortar em medalhões de 3cm de espessura. Reservar.
6. Preparar um refogado com 5 dentes de alho e metade do azeite. Deixar dourar e colocar o creme de feijão. Misturar bem e adicionar sal a gosto. Acrescentar metade do *bacon* crocante e 1 colher de sopa de coentro picado. Misturar.

7. À parte, preparar outro refogado com o restante do alho e o azeite e, quando estiver dourado, refogar as cavaquinhas.
8. Montagem: dispor o creme de feijão no fundo do prato. Cobrir com uma fina camada de farinha de mandioca torrada. Arrumar os medalhões por cima e decorar com o restante do *bacon* crocante e do coentro picado. Regar com azeite à vontade. Servir acompanhado de salada de verdes crocantes, arroz branco e farinha de mandioca torrada.

VINHO: Uma Cava espanhola, dotada de bom volume olfativo e de uma certa austeridade na boca, em contraposição à tendência doce do creme de feijão e dos crustáceos.

Tacu Tacu de Mariscos e Feijão

WANCHAKO | Maceió

Para o recheio:
30ml de azeite (3 colheres de sopa)
150g de cebola roxa picada fino (3 unidades médias)
200g de tomate pelado cortado em cubinhos (2 unidades grandes)
5g de orégano (1 colher de chá)
1 pitada de sal
5g de coentro picado (1 colher de chá)
20ml de molho de soja (2 colheres de sopa)
400g de mariscos cozidos mesclados (camarão, lula e polvo)

Para o *tacu tacu*:
30ml de azeite (3 colheres de sopa)
5g de orégano (1 colher de chá)
200g de arroz cozido
200g de feijão-branco cozido
2 claras de ovo
1 colher de sopa de farinha de trigo

Utensílios necessários:
panela grande, frigideira antiaderente, colher grande

Preparo do recheio:
1. Na panela, esquentar o azeite em fogo médio. Adicionar a cebola roxa, o tomate, o orégano e o sal até a cebola ficar transparente.
2. Aumentar o fogo e juntar o coentro e o molho de soja. Cozinhar. Retirar do fogo por 1 minuto. Agregar os mariscos cozidos e cozinhar por mais 2 minutos. Desligar o fogo e reservar.

Preparo do *tacu tacu*:
1. Na frigideira, colocar azeite em quantidade suficiente para cobrir o fundo.
2. Esquentar o azeite e adicionar o orégano, o arroz e o feijão cozidos. Misturar bem e cozinhar em fogo médio por 2 minutos.
3. Depois de misturar bem o feijão e o arroz, acrescentar as claras e a farinha, deixando no fogo por 4 minutos de cada lado até formar uma *tortilla*. Quando a parte de baixo começar a dourar, colocar o recheio no centro utilizando a

colher grande. Dobrar suavemente as abas da *tortilla* por cima do recheio, cobrindo-o totalmente. Servir o *tacu tacu* sobre um prato quente.

VINHO: A solução está na versatilidade de um Riesling da Nova Zelândia, austero porém vibrante.

Aves & Carnes

Feijoada Caesar Park

GALANI | Rio de Janeiro

1kg de feijão-preto
1/2kg de carne de porco salgada
1/2kg de costeleta salgada
1 peça de orelha de porco
1/2kg de carne-seca
1 peça de pé de porco
250g de toucinho salgado
250g de *bacon* defumado
1 peça de língua de boi defumada
3 peças de lingüiça de padre
1/2 laranja-da-baía
3 folhas de louro
80g de cebola picada (1 unidade média)
1 pitada de pimenta-do-reino
30g de alho (6 dentes)
100g de cebola (1 unidade grande)
sal a gosto
20ml de óleo (2 colheres de sopa)

Utensílio necessário:
colher de pau ou socador

PREPARO:

1. Deixar o feijão e as carnes salgadas (porco, costeleta, orelha de porco, carne-seca e pé de porco) de molho por 24 horas. Trocar a água a cada 6 horas.
2. Colocar as carnes já dessalgadas* junto com o toucinho, o *bacon*, a língua, a lingüiça e o feijão em uma panela grande com água suficiente para cobri-los. Acrescentar a laranja-da-baía, o louro, a cebola picada e a pimenta. Cozinhar tudo em fogo brando, retirando gradualmente as carnes à medida que elas forem cozinhando para que não se desmanchem.
3. À parte, refogar todos os temperos (alho, cebola e sal) no óleo até ficarem dourados e misturá-los ao feijão quando este já estiver cozido. Para o caldo da feijoada ficar mais cremoso, esmagar porções de grãos com a colher de pau ou o socador.

4. Servir acompanhado de arroz branco, farofa, couve à mineira, laranja em rodelas e pimentas.

Obs.:
1. Se for necessário, acrescentar água na hora do cozimento (utilizar água fervente).
2. A laranja-da-baía dá um sabor especial, além de tornar a feijoada mais digestiva.
3. Recomenda-se sempre cozinhar a feijoada em fogo brando evitando assim que ferva depressa demais e também o risco de que todas as carnes se desmanchem.

VINHO: Os novos tintos produzidos na região do Dão a partir da Touriga Nacional, da Tinta Roriz e do Alfrocheiro Preto, potentes e saborosos, dotados de uma massa tânica e alcoólica invejável, persistentes, possuem um caráter tão indomável quanto o da nossa brasileiríssima feijoada.

Feijoada de Capote

LA GONDOLA | Teresina

PREPARO:

1. Temperar os pedaços do capote* com sal, pimenta, tomate, cenoura, cebola, alho, pimentão, cebolinha, coentro, louro e colorau. Deixar marinar* por 2 horas.
2. Numa panela funda, juntar o azeite, o capote marinado e a lingüiça e refogar por 10 minutos. Adicionar o vinho e deixar evaporar. Em seguida, juntar metade da água e o feijão e mexer bem. Ferver por cerca de 1 hora e 40 minutos, completando a água, até que o capote e o feijão estejam cozidos.
3. Retirar as folhas de louro e acrescentar, se necessário, a maisena para engrossar o caldo.
4. Dispor nos pratos, polvilhar com a salsa e servir com arroz branco.

VINHO: Que belo casamento com um Rioja Reserva da escola tradicionalista, com seus perfumes especiados e etéreos, seus taninos firmes e retrogosto longo.

1kg de coxa e sobrecoxa de capote* cortadas em pedaços
sal e pimenta-do-reino moída na hora, a gosto
150g de tomate picado (1 1/2 unidade grande)
50g de cenoura ralada (1/2 unidade média)
50g de cebola picada (1 unidade média)
15g de alho moído (3 dentes)
50g de pimentão picado (1/2 unidade grande)
cebolinha verde e coentro a gosto
2 folhas de louro
10g de colorau (1 colher de sopa)
125ml de azeite extravirgem (12 1/2 colheres de sopa)
200g de lingüiça calabresa fatiada
200ml de vinho branco (1 copo)
1/2 litro de água
500g de feijão-branco (de molho desde a véspera)
30g de maisena (3 colheres de sopa)
20g de salsa picada (2 colheres de sopa)

Coelho com Misto de Feijões

ANTIQUARIUS | São Paulo

600g de coelho
100g de cebola picada
   (1 unidade grande)
10g de alho amassado (2 dentes)
2 folhas de louro
5g de colorau (1 colher de chá)
pimenta-do-reino em grão
   a gosto
50g de aipo picado
200g de cenoura picada
   (2 unidades grandes)
100ml de vinho branco
   (1/2 copo)
5 litros de água para cozinhar
   o feijão
200g de feijão-branco
200g de feijão-manteiga
30ml de óleo (3 colheres
   de sopa)

Utensílio necessário:
peneira

PREPARO:

1. Cortar o coelho em pedaços. Temperar com a cebola, o alho, as folhas de louro, o colorau e a pimenta. Adicionar o aipo, a cenoura e o vinho. Deixar de molho para marinar* por 24 horas.

2. Quando a marinada estiver pronta, cozinhar à parte o feijão-branco (1 hora e 40 minutos) e o feijão-manteiga (2 horas) em 2 1/2 litros de água cada um.

3. Em seguida, fritar ligeiramente os pedaços do coelho no óleo e colocar novamente no molho utilizado para temperá-lo.

4. Cozinhar o coelho mergulhado nesse molho até que fique macio. Desligar o fogo e retirar o coelho do molho. Reservar.

5. Peneirar o molho e reservar o caldo. Em uma panela, juntar o coelho, o feijão-branco, o feijão-manteiga e o molho coado. Deixar ferver por cerca de 10 minutos. Retirar do fogo quando estiver quente. Servir em seguida.

VINHO: Este suculento e inspirador estufado de coelho clama por um Touriga Nacional duriense, de médio envelhecimento: taninos ainda firmes, mas olfato já denotando alguma evolução.

Feijão com Ervas e Carne-Seca

DECK | Ilhabela

250g de feijão-fradinho ou feijão-manteiga
2 litros de água
2 folhas de louro
15g de alho (3 dentes)
1/2kg de carne-seca
200g de pimentão vermelho (2 unidades grandes)
200g de cebola (2 unidades grandes)
1 maço pequeno de salsa
100ml de azeite (10 colheres de sopa)
200ml de caldo de carne (1 copo) – ver receita na p. 70
tempero completo industrializado, a gosto

PREPARO:

1. Cozinhar o feijão em 2 litros de água por 50 minutos com as folhas de louro e o alho. Reservar.
2. Aferventar a carne-seca sem sal, desfiar e reservar.
3. Cortar o pimentão e a cebola à juliana.* Picar a salsa e desidratar.* Reservar.
4. Em uma frigideira, refogar o azeite, o pimentão, a cebola, a carne-seca, a salsa, o caldo de carne, o feijão e o tempero completo.
5. Servir quente, acompanhado de batata cozida ou arroz branco.

VINHO: Um jovem e rico Coteaux du Languedoc, com boa persistência retroolfativa e taninos doces.

Galinha-d'Angola com Sauté de Minifeijões do Tocantins

CANTALOUP | São Paulo

PREPARO:

1. Desossar* a galinha-d'angola e cortar em cubos pequenos. Salteá-la* em metade do azeite.
2. Acrescentar o *bacon*, a cebola, o gengibre, o vinho branco e deixar reduzir.*
3. Juntar o creme de leite e deixar reduzir, temperando com o sal e a pimenta. Retirar da panela e reservar.
4. Cozinhar o feijão em 1 litro de água por 1 hora e 20 minutos. Escorrer e depois saltear no restante do azeite, temperando com sal e pimenta a gosto.
5. À parte, reduzir o vinho do Porto e reservar.
6. Acrescentar 1 copo de água à panela em que foi cozida a galinha-d'angola e cozinhar a cenoura. Passá-la no processador com o próprio caldo do cozimento.
7. Peneirar o caldo de cenoura e reduzir. Acrescentar a manteiga e mexer.
8. Montagem: formar uma base no centro do prato com o feijão. Montar o fricassê de galinha-d'angola por cima do feijão

400g de galinha-d'angola
25ml de azeite (2 1/2 colheres de sopa)
60g de *bacon*
40g de cebola roxa picada (1 unidade média)
15g de gengibre ralado (1 1/2 colher de sopa)
40ml de vinho branco seco (4 colheres de sopa)
150ml de creme de leite (15 colheres de sopa)
300g de minifeijões do Tocantins (ou de feijão-verde)
1 litro de água para cozinhar o feijão
sal e pimenta-do-reino a gosto
300ml de vinho do Porto (1 1/2 copo)
200ml de água (1 copo)
800g de cenoura descascada (8 unidades grandes)
50g de manteiga (2 colheres de sopa)

Utensílios necessários: escorredor, processador de alimentos, peneira e finalizar com os molhos de cenoura e vinho do Porto.

VINHO: Uma rica preparação que se torna ainda mais sofisticada com a escolta de um Syrah da Nova Zelândia, intenso e amplo no nariz, quente na boca, mas perfeitamente equilibrado quanto ao frescor.

Feijão-Branco com Dobradinha

DONA DERNA | Belo Horizonte

PREPARO:

1. Deixar o feijão de molho na água por 4 horas. Colocar em fogo médio para ferver. Retirar do fogo quando levantar fervura.
2. Escorrer a água com espuma, colocar água fria cobrindo o feijão e recolocar a panela no fogo. Adicionar metade do alho e as folhas de sálvia. Deixar cozinhar até ficar *al dente*. Reservar.
3. Em panelas separadas, cozinhar os pés de porco e a dobradinha junto com a cebola, as folhas de louro e o restante do alho, em bastante água. Temperar com a pimenta.
4. Assim que tudo estiver cozido, na panela grande, preparar um refogado no azeite com a cenoura, a cebola, o aipo e o alho-poró.
5. Juntar a dobradinha, os pés de porco e o paio ao refogado. Refogar por alguns minutos. Adicionar o tomate e cozinhar por 15 minutos. Acrescentar o feijão. Acertar o sal e a pimenta. Regar com o caldo do feijão até obter a consistência

350g de feijão-branco
3 litros de água
50g de alho sem casca (10 dentes)
3 folhas de sálvia
2 pés de porco partidos ao meio
650g de dobradinha limpa
30g de cebola (1 unidade pequena)
2 folhas de louro
sal e pimenta-do-reino moída na hora, a gosto
10ml de azeite (1 colher de sopa)
50g de cenoura picada (1 unidade média)
50g de cebola picada (1 unidade média)
40g de aipo picado (1 talo)
20g de alho-poró picado (1/2 talo)
1/2 paio sem pele fatiado
500g de tomate maduro (5 unidades grandes)
50g de farinha de rosca (1/2 xícara)

Utensílios necessários: escorredor, panela grande, 4 tigelas refratárias médias desejada. Cozinhar até o feijão ficar macio. Em seguida, dividir o conteúdo nas tigelas, salpicar farinha de rosca e levar ao forno até dourar.

VINHO: Um Sangiovese robusto, sápido, com uma carga tânica considerável, forte teor alcoólico, olfativamente intenso e persistente: um Brunello di Montalcino.

Feijão-Tropeiro com Pato Confit

GUIMAS | Rio de Janeiro

PREPARO:

Na véspera:
1. Deixar o feijão e o pé de porco de molho na água para dessalgar.* Cortar o pato. Separar as coxas e o peito (deixando o osso). Temperar com todos os ingredientes e deixar marinando.* Derreter a gordura do pato junto com a banha de porco, passar no *chinois** e levar à geladeira.

No dia:
1. Colocar as coxas e o peito do pato em panelas separadas. Cobrir cada uma com a gordura do pato. Cozinhar em fogo baixo, por 2 horas e 30 minutos até que a carne fique bem macia, mas sem se desmanchar.
2. Cortar a cenoura, o aipo e a cebola em cubos de 0,5cm. Fazer o mesmo com o *bacon* e ferver por 5 minutos. Resfriar* e reservar.
3. Numa panela à parte, refogar os legumes com um pouco da gordura do

Para o pato:
5kg de pato (2 unidades de 2 1/2kg cada um)
20g de talo de alecrim (2 colheres de sopa)
40g de sal grosso (1/2 xícara)
10g de pimenta-do-reino em grão
5g de coentro em grão (1 colher de chá)
2 folhas de louro
15g de tomilho fresco (1 colher de sopa bem cheia)
35g de alho descascado (7 dentes)
40g de aipo (1 talo)
1kg de banha de porco

Para o feijão:
50g de cenoura (1 unidade média)
40g de aipo (1 talo)
100g de cebola (1 unidade grande)
40g de *bacon*
320g de feijão-mulatinho
150g de lingüiça calabresa
150g de pé de porco desossado*
2 litros de água
2 ovos inteiros

10ml de creme de leite (1 colher de sopa)
10g de alho (2 dentes)
20g de salsa picada (2 colheres de sopa)
30g de cebolinha (3 colheres de sopa)
50g de farinha de mandioca (1/2 xícara)
sal e pimenta-do-reino a gosto
20g de talo de salsa
1 folha de louro
sementes de cardamomo para pulverizar

Utensílios necessários:
*chinois**, frigideira grande, coador, liqüidificador, peneira

pato e acrescentar o feijão, a lingüiça calabresa e o pé de porco. Adicionar 2 litros de água e cozinhar até o feijão ficar *al dente*.

4. Deixar descansar por mais 1 hora para que os grãos fiquem um pouco mais macios, mas consistentes.
5. Preparar os ovos mexidos da forma tradicional, acrescentando um toque de creme de leite. Reservar. Picar o alho, a salsa e a cebolinha e reservar.
6. Quando o pato estiver cozido, tirar da gordura, deixar esfriar um pouco, desossar,* remover a pele das coxas e desfiar a carne. Desossar também o peito, deixando-o inteiro. Reservar em local aquecido.
7. Na frigideira grande, refogar o alho e o *bacon* junto com um pouco da gordura do pato. Coar o feijão e sua guarnição e colocar na frigideira. Refogar, mexendo bem devagar.
8. Acrescentar a carne da coxa desfiada, os ovos e, por fim, a farinha, a salsa e a cebolinha. Acertar o sal e a pimenta e reservar.
9. Em uma frigideira à parte, grelhar o peito de pato junto com a lingüiça fatiada em escamas.

10. Montagem: se o feijão-tropeiro estiver muito seco, acrescentar um pouco do caldo de feijão. Dispor o feijão no centro do prato e, por cima, arrumar o peito de pato grelhado, enfeitando com as fatias de lingüiça. Bater as sementes de cardamomo no liqüidificador, passar na peneira e pulverizar sobre o prato.

VINHO: Um prato rico em especiarias e ervas aromáticas e generoso nos lipídios clama por um tinto potente e amplo, rústico e persistente, como um Aglianico da Campania, rico em uma sapidez mineral que honra as suas origens vulcânicas.

Fricassê de Feijão

TASTE VIN | Belo Horizonte

500g de feijão-branco fresco
50g de pele de porco cortada em pedacinhos
1/2 pé de porco cortado ao meio
1 *bouquet garni** (com louro, tomilho e salsa)
2 galhos de alecrim e manjericão amarrados
15g de alho fatiado (3 dentes)
100g de cebola espetada com cravos (1 unidade grande)
150g de cenoura picada grosseiramente (1 1/2 unidade grande)
10g de échalote picada fino (2 unidades)
50g de barriga de porco levemente defumada, cortada em pedacinhos
20g de gordura de pato (2 colheres de sopa)
175ml de vinho branco seco (1 1/2 copo bem cheio)
200g de cenoura picada fino (2 1/2 unidades grandes)
200g de tomate maduro, sem pele e sem semente, picado fino (2 unidades grandes)

PREPARO:

1. Colocar o feijão em uma panela, cobrir com água fria e levar ao fogo. Quando a água ferver, retirar e escorrer.
2. Colocar, na mesma panela do feijão, a pele de porco, o pé de porco, o *bouquet garni*,* as ervas, metade do alho, a cebola com o cravo e a cenoura. Cobrir com água e deixar 1 hora em fogo baixo. Salgar ligeiramente no final. Retirar os temperos (o *bouquet garni*, as ervas, a cebola e a cenoura). Picar o pé de porco em pedacinhos, descartando o osso, e acrescentar ao feijão. Reservar.
3. Na caçarola, refogar as échalotes, o restante do alho e a barriga de porco na gordura de pato. Acrescentar o vinho e deixar evaporar. Adicionar a cenoura picada fino e o tomate. Cobrir com os caldos. Colocar o feijão e deixar cozinhar devagar até terminar o cozimento. Temperar com sal e pimenta a gosto.

4. Picar a salsa bem fino e, na hora de servir, salpicar sobre o prato.

VINHO: Esse fricassê faz um perfeito contraponto a um grande Premier Cru de Gevrey Chambertin, como por exemplo, um Clos St. Jacques, rigoroso e telúrico.

175ml de caldo de frango preparado em casa (1 1/2 copo bem cheio) – ver receita na p. 47
175ml de caldo de carne ou vitela preparado em casa (1 1/2 copo bem cheio) – ver receita na p. 70
sal e pimenta-do-reino a gosto
20g de salsa (1/4 do maço)

Utensílios necessários:
escorredor, caçarola grande

Arroz com Favas Frescas e Carne

ARÁBIA | São Paulo

150g de cebola picada (3 unidades médias)
200ml de óleo (20 colheres de sopa)
10g de alho socado com um pouco de sal (2 dentes)
300g de favas frescas
2 litros de água
500g de carne bovina moída ou picada (preferencialmente patinho)
350g de arroz lavado e escorrido (3 1/2 xícaras)
sal a gosto
5g de pimenta-síria (1 colher de chá)

Utensílio necessário: escorredor

Obs.: Favas frescas são encontradas congeladas em supermercados. Descongelar antes de usar.

PREPARO:

1. Refogar a cebola, com a metade do óleo, até ficar dourada. Juntar o alho e as favas e refogar por mais 5 minutos.
2. Acrescentar 1 litro de água e deixar cozinhar. Quando estiverem cozidas, escorrer e reservar.
3. À parte, refogar a carne com o restante do óleo. Adicionar o arroz e misturá-lo com as favas cozidas. Acrescentar 1 litro de água para o cozimento do arroz. Temperar com o sal e a pimenta-síria e deixar até o final do cozimento.
4. Servir quente, acompanhado de coalhada fresca.

VINHO: Um tinto jovem, de sotaque mouro, macio e intenso olfativamente, tal como um Jumilla espanhol, centrado na casta Monastrell.

Hambúrguer de Feijão

BEIJUPIRÁ | Porto de Galinhas

PREPARO:

1. Refogar o charque na manteiga e reservar.
2. Misturar o feijão cozido, o coentro e o alho até ficar com consistência para fazer os hambúrgueres. Moldá-los, separando um pouco de charque para a montagem.
3. Fritar os hambúrgueres no óleo quente até dourar.
4. Colocar os ingredientes do molho de caju em uma panela e ferver até obter a consistência de mel.
5. Montagem: depois de fritar o hambúrguer, colocar num prato e, por cima, dispor o charque, regando com o molho de caju. Se desejar, adicionar uma colher de creme de leite para guarnecer.

VINHO: Para esse prato criativo, de sabores bem brasileiros, a sugestão é um Carmenère chileno de média força, boa maciez e taninos redondos.

100g de charque desfiado
50g de manteiga (2 colheres de sopa)
800g de feijão-verde cozido e triturado
20g de coentro picado (2 colheres de sopa)
10g de alho frito (1 colher de sopa)
óleo para fritar os hambúrgeres
creme de leite para guarnecer

Para o molho de caju:
5ml de suco de caju (1 colher de chá)
5ml de água (1 colher de chá)
5ml de Karo (1 colher de chá)
5g de maisena (1 colher de chá)
5g de açúcar (1 colher de chá)

Utensílio necessário:
processador de alimentos

Trouxinha de Feijão-Carioquinha

DIVINA GULA | Maceió

100g de feijão-carioquinha
600ml de água (3 copos)
100g de carne-de-sol
  (preferencialmente
  lagarto)
30g de cebola inteira
  (1 unidade pequena)
16 folhas de cebolinha
10g de salsa picadinha sem talo
  (1 colher de sopa)
50g de tomate em cubos
  sem semente
  (1/2 unidade grande)
50g de cebola cortada em
  cubos (1 unidade média)
5g de alho (1 dente)
50ml de azeite extravirgem
  (5 colheres de sopa)
30ml de suco de limão
  (3 colheres de sopa)
sal e pimenta-do-reino moída
  na hora, a gosto
6 sementes de coentro
12 folhas de couve
1 pitada de bicarbonato
100ml de azeite (10 colheres
  de sopa)
30g de mostarda (3 colheres
  de sopa)
50ml de vinagre (5 colheres
  de sopa)

PREPARO:

1. Levar o feijão ao fogo na caçarola com 300ml de água. Cozinhar até ficar macio, mas com consistência firme. Escorrer, passar em água fria e reservar.

2. Em outra caçarola, juntar a carne-de-sol, o restante da água e a cebola inteira. Cobrir e levar ao fogo. Deixar cozinhar até começar a desfiar, repondo a água se for preciso. Retirar da panela e deixar esfriar. Em seguida, desfiar com a mão, removendo as peles. Reservar.

3. Cortar a metade da cebolinha em rodelas pequenas. Misturar com o feijão, a salsa, a carne desfiada, o tomate, a cebola em cubos e o alho picado. Regar com o azeite extravirgem e o suco do limão. Temperar com o sal, a pimenta e as sementes de coentro. Reservar.

4. Lavar as folhas de couve e escorrê-las. Com a vasilha de borda cortante, fazer círculos nas folhas aproveitando os espaços com menos nervuras. Colocar os discos de couve em água fervente

por 30 segundos. Para obter um melhor tom de verde, adicionar uma pitada de bicarbonato à água. Retirar e colocar sobre uma tábua para esfriar.

5. Em um recipiente, fazer um molho, misturando o azeite, a mostarda e o vinagre. Reservar.
6. Fazer tiras com a cebolinha restante, cortando-a no sentido longitudinal.
7. Montagem: colocar a mistura de feijão no centro de cada disco de couve. Fechar como uma trouxa e amarrar com a cebolinha. Levar à geladeira por 10 minutos. Arrumar 3 trouxinhas em um prato, formando um triângulo. Regar cada uma delas com 1 colher de chá do molho, molhando também o fundo do prato com algumas gotas. Servir em seguida.

Utensílios necessários: caçarola, escorredor, vasilha de borda cortante de 15cm de diâmetro, tábua, recipiente com tampa

VINHO: Um Malbec argentino de vinhedos altos, medianamente estruturado, volumoso no olfato e longo no retrogosto.

Mix de Carne com Risoto de Feijão-Vermelho

IL TRAMEZZINO DI PAOLO | Novo Hamburgo

PREPARO:

1. Colocar o feijão de molho em uma bacia com água por uma noite.
2. No dia seguinte, lavar bem o feijão em água corrente. Escorrer bastante.
3. Em uma panela com 900ml de água fervente, colocar o feijão para cozinhar por 1 hora e 40 minutos. Reservar.
4. Em outra panela, derreter a manteiga e o azeite. Adicionar o peru, os salsichões, o *bacon* e fritar em fogo baixo por 3 minutos, mexendo sempre para que as carnes fiquem coradas.
5. Juntar a cebola e deixar murchar. Adicionar o arroz e deixar dourar por 2 minutos.
6. Aquecer o caldo de frango. Molhar o arroz com 1 concha de caldo de frango e outra de feijão. Deixar cozinhar em fogo baixo até engrossar, mexendo sempre.
7. Despejar o restante do caldo de frango e do feijão. Temperar com sal e pimenta. Adicionar também a salsa *mirtilli*. Repetir esse procedimento quantas vezes for necessário até completar o cozimento.

180g de feijão-vermelho
900ml de água fervente
(4 1/2 copos)
50g de manteiga (2 colheres de sopa)
20ml de azeite (2 colheres de sopa)
225g de carne magra de peru cortada em tirinhas
4 salsichões de porco cortados em pedaços
40g de *bacon*
100g de cebola picada fino (1 unidade grande)
400g de arroz *arborio* (4 xícaras)
1 litro de caldo de frango (ver receita na p. 47)
sal e pimenta-do-reino moída na hora, a gosto
100g de salsa *mirtilli* (10 colheres de sopa)
sálvia, tempero verde e alecrim levemente picados, a gosto

Utensílio necessário:
escorredor

8. Polvilhar o risoto com a sálvia, o tempero verde e o alecrim. Servir em seguida.

VINHO: Um Pinotage sul-africano, de aroma intensamente frutado, quente e macio na boca.

Carne-Seca Desfiada com Risoto de Feijão-Verde e Jerimum

SAGARANA | João Pessoa

75g de manteiga (3 colheres de sopa)
130g de cebola picada (2 unidades: 1 grande e 1 pequena)
300g de arroz *arborio* (3 xícaras)
150ml de vinho branco seco (1 copo raso)
1 litro de caldo de frango (ver receita na p. 47)
30g de parmesão ralado na hora (3 colheres de sopa)
30g de coentro picado (3 colheres de sopa)
100g de jerimum** cozido e amassado grosseiramente
100g de feijão-verde cozido
sal a gosto
400g de carne-seca desfiada

** Designação dada à abóbora no Nordeste.

PREPARO:

1. Numa panela, derreter uma colher de manteiga. Refogar 1/2 cebola grande até começar a dourar. Juntar o arroz e dar uma fritada. Acrescentar o vinho e esperar evaporar. Mexer e adicionar aos poucos 1 xícara de caldo de frango. Continuar mexendo. Repetir essa operação várias vezes até que o arroz esteja cozido e *al dente*.

2. Juntar ao arroz *al dente*, o parmesão ralado, o coentro, o jerimum** já cozido e, em seguida, adicionar o feijão também cozido. Retirar do fogo e acrescentar outra colher de manteiga. Acertar o sal.

3. À parte, colocar a colher de manteiga restante e a cebola pequena picada. Deixar dourar. Adicionar a carne-seca desfiada e fritar até estar ao ponto.

4. Servir o risoto com a carne-seca e o restante da cebola grande fatiada.

VINHO: O calor alcoólico de um Cabernet Sauvignon do Maipo e seus aromas potentes de fruta e madeira, respectivamente, limpam o palato da untuosidade do risoto e absorvem o impacto olfativo da carne-seca.

Sobremesas

Nakazuki

NAKOMBI | São Paulo

PREPARO:
1. Preparo do creme de feijão: deixar o feijão de molho por 4 horas em 1/2 litro de água. Cozinhar na panela de pressão por 45 minutos ou, em uma panela normal, por 3 horas e 30 minutos. Escorrer o feijão e reservar o líquido. Completar com água até chegar a 1 litro. Separar 600ml e colocar na panela junto com o feijão. Acrescentar 400g de açúcar. Cozinhar em fogo médio até a calda engrossar. Acrescentar os 400ml do líquido restante e 200g de açúcar e deixar reduzir* novamente. Tirar do fogo e deixar descansar por 30 minutos. Coar. Reservar a calda e metade do feijão. Bater a outra metade do feijão no liqüidificador com um pouco da calda até ficar em ponto de creme. Levar o restante da calda ao fogo e misturar o feijão batido com o que foi reservado. Deixar por mais 15 minutos em fogo baixo.

200g de feijão-*azuki*
1 litro de água
750g de açúcar (5 xícaras)
200g de farinha de trigo
   (2 xícaras)
10g de fermento em pó
   (2 colheres de chá
   bem cheias)
50g de manteiga (2 colheres
   de sopa)
1 gema de ovo
5ml de licor de chá verde
   (1 colher de chá)
1g de *matchá* (chá verde em pó)
1/5 de folha de gelatina incolor
20ml de leite (2 colheres
   de sopa)
15g de açúcar de confeiteiro
   (1 1/2 colher de sopa)

Utensílios necessários:
panela de pressão, escorredor, coador, liqüidificador, batedor, 24 fôrmas pequenas e redondas, sifão de ar comprimido

Feijão | Aromas e Sabores da Boa Lembrança

2. Preparo dos bolinhos: numa vasilha à parte, misturar a farinha, o fermento, 100g de açúcar, a manteiga e a gema. Mexer com um batedor, acrescentando 150ml de água aos poucos até formar uma mistura homogênea, em ponto de creme. Untar as fôrmas com manteiga e encher com a massa para cozinhar por 25 minutos em banho-maria.*
3. Preparo do creme de chá verde: diluir o *matchá* no licor. Misturar até ficar homogêneo. Hidratar* a gelatina em água fria. Em seguida, espremer e dissolver no leite aquecido. Acrescentar o açúcar de confeiteiro e o *matchá* com licor. Colocar no sifão de ar comprimido (utilizado para creme de *chantilly*) e deixar na geladeira por, no mínimo, 1 hora.
4. Montagem: encher uma taça de sobremesa até a metade com o creme de feijão. Acrescentar seis bolinhos. Agitar bem o sifão e, em seguida, cobrir com o creme de chá verde.

VINHO: Um fabuloso, dulcíssimo e exótico vinho para esta sobremesa desafiadora: um Gewürztraminer Sélection de Grains Nobles, da Alsácia.

Purê Doce de Feijão-Branco

ROANNE | São Paulo

PREPARO:

1. Cozinhar o feijão em 1 litro de água junto com o cravo, a canela e a baunilha, até ficar bem macio. Escorrer e passar na peneira. Reservar em banho-maria.*
2. Cozinhar a batata-doce no leite. Escorrer e passar na peneira. Reservar também em banho-maria.
3. Em outra panela, colocar 100ml de água e o açúcar. Ferver até formar um caramelo de consistência espessa e escura.
4. Juntar o purê de feijão com a batata-doce e o caramelo. Misturar bem. Ao final, o purê apresentará uma consistência semelhante à de um purê de castanhas. Servir morno e, se desejar, sobre 1 fatia de pão do tipo rabanada ou com sorvete de creme.

VINHO: Um Monbazillac dará maior amplitude de paladares e aromas ao creme, tornando-o ainda mais envolvente por meio de sua aprazível acidez.

300g de feijão-branco
1 litro de água
1 cravo
1 lasca de canela
1/2 fava de baunilha
200g de batata-doce descascada
500ml de leite (2 1/2 copos)
100ml de água (1/2 copo)
200g de açúcar refinado (2 xícaras)

Utensílios necessários:
escorredor, peneira fina

Crepe de Feijão com Calda de Laranja

RUELLA | São Paulo

Para o recheio:
200g de feijão-mulatinho
20g de açúcar (2 colheres de sopa)
20ml de mel (2 colheres de sopa)

Para a calda:
300g de açúcar (2 xícaras)
250ml de suco de laranja coado (1 copo bem cheio)
60ml de licor Grand Marnier (6 colheres de sopa)
20g de raspa de casca de laranja (1 colher de chá)

Para o crepe:
1 ovo
90ml de leite (9 colheres de sopa)
100g de farinha de trigo (1 xícara)
5g de açúcar (1 colher de chá)
5ml de óleo (1 colher de chá)

Utensílios necessários:
concha, liqüidificador

Preparo do recheio:
1. Cozinhar o feijão junto com o açúcar em pouca água por 1 hora e 20 minutos.
2. Jogar a água fora e amassar o feijão até virar uma pasta. Misturar o mel à pasta e reservar.

Preparo da calda:
1. Colocar o açúcar para caramelar* até ficar dourado. Acrescentar o suco de laranja e deixar ferver por 20 minutos, sempre mexendo até virar uma calda rala. Retirar do fogo.
2. Acrescentar o licor com as raspas de casca de laranja. Reservar.

Preparo do crepe:
1. Bater todos os ingredientes (menos o óleo) no liqüidificador.
2. Com a concha, colocar a massa numa frigideira untada com óleo quente e fritar os crepes. Virar com cuidado e fritar do outro lado.

Montagem:
1. Rechear os crepes com 1 colher de chá de pasta de feijão. Fechar cada um deles no formato de triângulo.
2. Cobrir com a calda de laranja. Servir acompanhado de uma bola de sorvete de creme.

VINHO: A calda de laranja dá as cartas nesta sobremesa e evoca um Fior d'Arancio do Colli Euganei, elaborado com a casta Moscato de Alessandria, possibilitando um casamento olfativo mais do que perfeito.

Pudim de Feijão com Maçã e Passas

LA SAGRADA FAMILIA | Niterói

100g de feijão-branco
1/2 litro de água
125ml de leite (1 xícara bem cheia)
2 ovos inteiros
1 gema
40g de açúcar (4 colheres de sopa)
155g de maçã vermelha (1 unidade grande)
150g de açúcar para caramelar* as forminhas (1 xícara bem cheia)
50g de passas escuras

Utensílios necessários:
panela de pressão, peneira, liqüidificador, batedor de inox, 8 forminhas de alumínio de 80ml

PREPARO:

1. Cozinhar o feijão em 1/2 litro de água na panela de pressão sem acrescentar nenhum tempero até que os grãos fiquem bem cozidos. Deixar esfriar.
2. Separar os grãos do feijão do caldo com o auxílio da peneira.
3. Bater os grãos do feijão no liqüidificador com 100ml do caldo do cozimento. Adicionar o caldo aos poucos, a fim de obter um creme grosso.
4. Transferir o creme para uma vasilha e acrescentar o leite, os ovos, a gema e o açúcar. Misturar bastante com o batedor de inox. Reservar.
5. Descascar a maçã, retirar o miolo e cortar em 8 pedaços iguais. Em seguida, fatiá-los em triângulos.
6. Caramelar* as forminhas com os 150g de açúcar.

7. Dispor a maçã picada e as passas no fundo das forminhas. Acrescentar o creme de feijão e colocar para assar em banho-maria* por 45 minutos. Desenformar e servir quente.

VINHO: Além da doçura do pudim que deve concordar com o nível de doçura do vinho, temos uma situação em que o álcool não se faz tão necessário quanto uma boa dose de acidez e/ou efervescência, tais como as de um Moscato d'Asti.

Rolinho de Feijão com Banana

SUSHI GARDEN | Rio de Janeiro

50g de feijão-*azuki*
160g de açúcar refinado
(1 xícara e 1 colher de sopa)
160g de amendoim sem casca
4 bananas-d'água maduras
(4 unidades grandes)
4 unidades de *harumaki*
(comprada pronta)
1 litro de óleo de soja
4 bolas de sorvete de creme

Utensílios necessários:
liqüidificador, papel absorvente

PREPARO:

1. Em uma panela, colocar o feijão-*azuki* e cobrir com água dois dedos acima do nível dos grãos. Acrescentar água sempre que necessário para evitar que seque. Deixar cozinhar bastante até o feijão se desmanchar.
2. Adicionar 1 colher de sopa de açúcar e cozinhar por mais 10 minutos até a massa ficar homogênea. Reservar.
3. Torrar o amendoim no forno. Retirar, esperar esfriar e bater no liqüidificador junto com 1 xícara de açúcar para formar a paçoca. Reservar.
4. Cortar as extremidades de cada banana ainda com a casca. Fazer um corte longitudinal (em forma de V), retirando um sulco da fruta. Rechear com doce de feijão até cobrir todo o corte.
5. Retirar as cascas das bananas e enrolá-las na massa de *harumaki*, dobrando as extremidades da massa para dentro. Terminar de enrolar, fazendo com que a massa cubra toda a banana.

6. Em uma frigideira, despejar uma quantidade de óleo suficiente para cobrir a banana. Fritar no óleo bem quente até que a massa fique com cor de caramelo. Retirar o rolinho do óleo, secar no papel absorvente e cortar cada um deles em 6 rodelas.
7. Montagem: colocar as rodelas ao redor do prato de sobremesa. Salpicar 2 colheres de sobremesa de paçoca e, no meio das rodelas de banana, dispor uma bola de sorvete de creme.

VINHO: A decisiva presença dos amendoins torrados impõe um vinho de *crianza*, semi-seco e sápido, além da banana frita que sugere uma fortificação alcoólica. Aposte em um Jerez Amontillado.

Pastéis de Feijão

DA SILVA | Rio de Janeiro

Para a massa:
250g de farinha de trigo
(2 xícaras)
50g de manteiga ou margarina
(2 colheres de sopa)
1 pitada de sal
1 1/2 litro de água

Para o recheio:
25g de amêndoas
100g de feijão-branco cozido
6 ovos
6 gemas
500g de açúcar (3 xícaras bem cheias)
100ml de água (1/2 copo)
farinha de trigo e açúcar em pó para polvilhar a massa

Utensílios necessários:
tigela, 1 pano seco, 1 pano molhado, ralador, peneira, rolo de abrir massa, forminhas de pastéis (queques)

Preparo da massa:
1. Na tigela, colocar a farinha. Adicionar a manteiga derretida, 1 pitada de sal e a água.
2. Trabalhar a massa com as mãos até formar uma bola.
3. Tampar a massa com o pano seco e colocar sobre este o pano molhado, bem espremido.
4. Deixar a massa descansar um pouco.

Preparo do recheio:
1. Pelar as amêndoas e, em seguida, ralá-las.
2. Passar o feijão na peneira até virar um purê.
3. Juntar as amêndoas raladas ao purê e adicionar os ovos inteiros e as gemas peneiradas.
4. Levar o açúcar ao fogo (115°C) com um pouco de água e deixar ferver até atingir o ponto de fio.*
5. Adicionar o xarope a essa mistura de feijão, amêndoas e ovos. Misturar bem. Deixar esfriar.

Preparo:
1. Abrir a massa com o rolo até ficar bem fininha.
2. Forrar as forminhas e inserir o recheio. Polvilhar um pouco de farinha e, em seguida, açúcar.
3. Levar ao forno quente (225°C) por 25 minutos.
4. Servir quente ou frio.

VINHO: O frescor conferido pela casta Furmint a um Tokaj húngaro é o cerne desta harmonização, bem-sucedida também no grau de doçura (um Tokaj de três ou, no máximo, quatro *puttonyos*) e no perfil aromático do vinho.

Tortinhas de Feijão

MISTURA FINA | Rio de Janeiro

Para a massa:
175g de manteiga sem sal, sem estar gelada (7 colheres de sopa)
125g de açúcar de confeiteiro (1 xícara rasa)
125g de farinha de castanha de caju (1 xícara rasa)
1 ovo
250g de farinha de trigo (2 1/2 xícaras)

Para o recheio:
300g de feijão-branco
1/2kg de açúcar (5 xícaras)
250ml de água (1 copo bem cheio)
150g de castanha de caju bem picada
10 gemas batidas
manteiga para untar as fôrmas de tortinha
açúcar com alecrim para polvilhar
alecrim fresco para decorar

Preparo da massa:
1. Na véspera, misturar numa vasilha, com a colher de pau e sem bater, a manteiga, o açúcar, a farinha de castanha de caju e o ovo.
2. Juntar a farinha de trigo até obter uma massa homogênea e mole. Embrulhar o conteúdo no filme plástico e levar à geladeira. No dia seguinte, utilizar o rolo para abrir a massa entre 2 folhas de filme plástico polvilhadas com farinha de trigo.
3. Untar as fôrmas com manteiga. Depois, forrá-las com a massa e deixar na geladeira enquanto o recheio é preparado.

Preparo do recheio:
1. Numa panela, cobrir o feijão com água fria e levar ao fogo. Quando estiver cozido, escorrer bem. Em seguida, passar o feijão no processador, adicionando, se necessário, um pouco da água do cozimento para obter um purê. Pesar 500g do purê e reservar.

2. Preparar uma calda em ponto de fio* com o açúcar e a água. Juntar à calda a castanha picada e os 500g do purê de feijão-branco, mexendo com a colher de pau em fogo brando até o recheio encorpar* e se soltar do fundo da panela. Retirar do fogo e deixar amornar.
3. Juntar as gemas batidas e levar ao fogo brando novamente. Mexer por 2 ou 3 minutos. Deixar esfriar para, em seguida, rechear as tortinhas.
4. Assar as tortinhas em forno médio (180°C) por 25 minutos ou até que fiquem levemente douradas. Deixar esfriar, tirar das fôrmas e polvilhar com açúcar perfumado com alecrim.

Utensílios necessários: colher de pau, filme plástico, rolo de abrir massa, 24 fôrmas de tortinhas, escorredor, processador de alimentos, balança, batedor

VINHO: Vinhos doces de colheita tardia, de diversas origens, desde que não botritizados nem provenientes de castas aromáticas.

TEMPOS DE COZIMENTO DO FEIJÃO

Feijão	Tempo de cozimento*
Azuki	2h30
Branco	1h40
Canário	1h40
Cannellini	1h40
Carioquinha	1h40
Corda	30 minutos
Fava fresca	30 minutos
Fava seca	2h30
Fradão	1h40
Fradinho	50 minutos
Jalo	1h40
Manteiga	2h
Manteiguinha de Santarém	1h
Minifeijões do Tocantins	1h40
Mulatinho	1h30
Preto	2h
Rajado	1h40
Roxinho	1h40
Verde	1h20
Vermelho	2h20

As medidas utilizadas para os tempos de cozimento relacionados na tabela ao lado são as seguintes: 250g de feijão e 2 a 3 litros de água, dependendo da consistência do grão. Os de cor mais escura, geralmente mais duros, e os brancos, por serem carnudos, devem ser cozidos com mais água.

A panela recomendada é a comum com tampa por facilitar a verificação da consistência do grão e a quantidade de caldo ao longo do preparo.

Os tempos estipulados, por vezes, diferem dos que estão indicados nas receitas deste livro, que levam em conta as características de cada prato. Seguindo a tabela ao lado, o feijão, quando pronto, ficará com consistência normal, nem *al dente* nem macio demais ao ponto de se desmanchar.

É recomendável deixar de molho os grãos escuros e os brancos, trocando a água antes de iniciar o preparo. Isso fará com que fiquem mais macios, abreviando o tempo de cozimento.

---

* Para 250g, em 2 a 3 litros de água, em panela comum com tampa.

DICAS

O tempo de cozimento do feijão e a quantidade de água utilizada variam de acordo com o tipo de grão, com a panela usada e com a intensidade da chama. Em geral, a própria embalagem do produto traz a indicação quanto à consistência do grão: se mais duro ou macio. Na panela de pressão, o cozimento é mais rápido do que em uma panela comum com tampa; esta, no entanto, facilita o controle do preparo.

Ao comprar o feijão, dê preferência ao que tiver menor quantidade de grãos quebrados, para que o aspecto depois do cozimento seja melhor. Observe bem a embalagem: deve ser transparente e não apresentar furinhos, pois estes indicam a presença de carunchos.

Acondicione o feijão cru em recipiente bem fechado e guarde-o em local seco e arejado.

O primeiro passo no preparo do feijão é a retirada de pedrinhas, impurezas e grãos partidos ou que tenham a casca enrugada ou com sinais de caruncho. Em seguida, deve ser bem lavado.

Antes de ser cozido, o ideal é que o feijão fique de molho em água fria por, no mínimo, 4 horas. Se você desejar abreviar o tempo de cozimento e obter um caldo mais grosso, deixe-o de molho desde a véspera.

O feijão cozido deve ser levado à geladeira em recipientes bem fechados.

Se pretender congelar o feijão, não o tempere todo de uma vez. Deixe para fazer isso antes de servi-lo e assim terá o sabor do feijão recém-cozido.

TABELA DE EQUIVALÊNCIA

1 colher de café	2ml / 2g
1 colher de chá	5ml / 5g
1 colher de sobremesa	7ml / 7g
1 colher de sopa	10ml / 10g
1 copo	200ml
1 xícara	100g
1 xícara de açúcar	150g
1 xícara de farinha de trigo	100g
1 colher de sopa de manteiga	25g
1 dente de alho	5g
1 talo de aipo	40g
1 talo de alho-poró	40g
1 maço de salsa	80g
1 pimentão médio	aproximadamente 40g
1 tomate médio	aproximadamente 80g
1 tomate grande	aproximadamente 100g
1 cebola pequena	aproximadamente 30g
1 cebola média	aproximadamente 50g
1 cebola grande	aproximadamente 100g
1 *échalote*	5g
1 abobrinha média	165g
1 batata média	aproximadamente 100g
1 cenoura pequena	aproximadamente 30g
1 cenoura média	aproximadamente 50g
1 cenoura grande	aproximadamente 100g
1 pepino médio	aproximadamente 50g
1 couve-flor pequena	aproximadamente 70g

GLOSSÁRIO

Apurar – Processo de tornar o alimento que está sendo preparado mais concentrado ou saboroso, deixando-o ferver por um tempo prolongado.

Banho-maria – Aquecer ou cozinhar lentamente um alimento, colocando o recipiente em que este se encontra dentro de outro com água e levando-o ao fogo ou ao forno.

Bechamel – Molho salgado e de consistência cremosa, preparado com leite, farinha de trigo, pimenta, noz-moscada e manteiga. Também chamado de "molho branco", serve ainda de base para outros molhos cremosos. Criado pelo gastrônomo francês Louis de Béchamel no final do século XVIII.

Bouquet garni – Pequeno maço de ervas usado para condimentar, no qual se amarram principalmente cheiro-verde, manjericão, cebolinha, folhas de louro, aneto e estragão.

Brangir – Aquecer rapidamente o alimento, passando-o de um lado e do outro na panela sem acrescentar nenhum tipo de óleo ou gordura.

Brunoise – Mistura de vegetais picados em pedaços bem finos (geralmente em cubinhos) e lentamente refogados em manteiga. Serve para adicionar sabor a molhos, caldos e sopas.

Caramelar – Derreter o açúcar ao fogo até que se torne uma calda escura e grossa. Também significa cobrir o fundo e as bordas de um recipiente com essa calda.

Chinois – Espécie de funil ou tela de inox, de furos bem pequenos, utilizado em cozinha profissional para coar molhos e caldos, entre outros preparados líquidos.

Confit – Modo de cozimento lento de carnes, sobretudo de aves, na própria gordura. É também aplicado a legumes ou frutas, utilizando-se bebida alcoólica, açúcar ou vinagre.

Deglaçar – Fazer um fundo com o

restante das carnes que ficam grudadas nas panela ou no utensílio de cozimento, juntando um pouco de vinho, líquido aromático ou água.

Desidratar (ervas) – Processo de se retirar todo o líquido das folhas, primeiramente picando-as fino e enrolando-as em um pano seco; em seguida, levando-as ao forno, em um tabuleiro, por cerca de 10 minutos, em temperatura bem baixa.

Desossar – Retirar os ossos de uma carne mantendo sua forma original.

Dessalgar – Retirar o excesso de sal de um alimento, deixando-o de molho em água, que deve ser trocada em intervalos regulares (em geral estipulados na receita).

Encorpar – Adicionar produtos espessantes a certos pratos para aumentar sua viscosidade ou dar-lhes mais consistência. Dependendo da receita, são usadas: farinha de trigo, maisena, araruta, fécula de batata e gemas. Pode-se também apenas ferver o alimento em fogo alto até que este atinja o ponto desejado.

Escaldar – Despejar água fervente sobre um alimento, ou colocá-lo nesta água por alguns instantes, passando-o em seguida em água fria para não deixar que cozinhe.

Fundo de panela (processo de deglaçar) – Fundo que é feito com o restante da carne (ou de qualquer outro alimento) que ficou grudada na panela ou no utensílio de cozimento, juntando um pouco de vinho, líquido aromático ou água.

Gratinar – Cobrir o prato com queijo ralado e farinha de rosca, levando-o ao forno até que se forme uma crosta dourada.

Hidratar – Adicionar água a determinado alimento para que ele recupere suas características originais, como se faz, por exemplo, com cogumelos secos, gelatina e leite em pó.

Juliana – Corte do alimento em tirinhas.

Marinar – Deixar um alimento – em geral carnes, aves ou peixes – de molho em marinada (vinha-d'alhos) para que fique mais macio e impregnado pelo molho. A marinada é um preparado de azeite, vinagre ou suco de limão, com sal ou vinho, ao qual se acrescentam vários temperos, como cebola, alho, louro e salsa.

Ponto de fio – É o ponto em que ao se retirar um pouco da calda e puxá-la com os dedos, forma-se um pequeno fio, com consistência firme o suficiente para não se desmanchar com facilidade.

Reduzir – Diminuir a quantidade de líquido pela fervura até que este chegue ao ponto ideal.

Resfriar – Desaquecer um alimento, levando-o à geladeira ou deixando-o fora do fogo por apenas alguns instantes.

Saltear – Método de cozimento rápido, em que se faz uma breve fritura com o utensílio em movimento, de forma que o alimento não fique permanentemente em contato com o fundo da panela.

Sauté – Alimento preparado pelo método "saltear", descrito no item anterior.

Suar – Esquentar qualquer alimento em panela aberta e em fogo brando, passando-o no óleo ou na gordura para perder o suco.

Tartar – Picadinho cru.

Tomate *concassé* – Tomate picado em cubinhos, sem pele nem sementes.

Wok – Frigideira oriental destinada à fritura em fogo alto.

ÍNDICE REMISSIVO DE RESTAURANTES

A Favorita 30
Antiquarius (Rio de Janeiro) 32
Antiquarius (São Paulo) 118
Arábia 130
Arlecchino 65
Banana da Terra 43
Beijupirá 131
Bistrô D'Acampora 44
Boulevard 79
Calamares 33
Cantaloup 121
Carême Bistrô 90
Casa da Suíça 45
Chez Georges 68
Da Silva 148
Deck 120
Divina Gula 132
Dom Giuseppe 89
Dona Derna 123
Empório Raviólli 63
Emporium Pax 88
Enotria 72
Enseada 37

Famiglia Caliceti-Bologna 67
Fogo Caipira 42
Galani 115
Giuseppe 41
Gosto com Gosto 70
Guimas 125
Il Tramezzino di Paolo 134
Kojima 93
La Caceria 74
La Casserole 47
Lá em Casa 35
La Gondola 117
La Sagrada Familia (Niterói) 144
La Sagrada Familia (Rio de Janeiro) 110
La Vecchia Cucina 94
La Via Vecchia 104
Locanda Della Mimosa 96
Luna Bistrô 49
Marcel (Fortaleza) 51
Marcel (São Paulo) 52

Margutta 54
Mistura Fina 150
Moana 81
Nakombi 139
O Navegador 77
Oficina do Sabor 98
Oriundi 100
Papagutt 83
Parador Valencia 102
Pax 39
Portugallia 55
Quadrifoglio 85
Rancho Inn 56
Roanne 141
Ruella 142
Sagarana 136
Splendido Ristorante 75
Sushi Garden 146
Sushi Leblon 59
Taste Vin 128
Varig no Mundo 106
Vecchio Sogno 108
Vinheria Percussi 61
Wanchako 112
Xapuri 58

ÍNDICE REMISSIVO DE RECEITAS

Acarajé com Camarões ao Alho-Poró 37
Acarajé Rancho Inn 56
Arroz com Favas Frescas e Carne 130
Baked Beans 52
Camarões com Molho de Feijão-Roxinho 108
Camarões Vestidos com Bacon e Feijão-Rajado 96
Carne-seca Desfiada com Risoto de Feijão-Verde e Jerimum 136
Cassoulet de Feijões 47
Cassoulet do Mar 100
Ceviche de Camarões com Feijão Refrito 90
Coelho com Misto de Feijões 118
Creme de Feijão-Jalo com Bacon e Cavaquinhas 110
Crepe de Feijão com Calda de Laranja 142
Cuscuz de Feijão-Preto e Camarões 106
Delícia do Sertão 81
Espaguete com Creme de Feijão 70
Feijão Caipira 83
Feijão Cannellini com Sálvia e Bacon 67
Feijão com Ervas e Carne-Seca 120
Feijão Japa 88
Feijão-Verde com Alho 51
Feijão-Branco com Dobradinha 123
Feijão-Branco com Mariscos 102
Feijão-Tropeiro com Pato Confit 125
Feijoada Caesar Park 115
Feijoada de Capote 117
Feijoada Mar e Terra com Farofa de Lula 104
Fricassê de Feijão 128
Frutos do Mar com Feijão 89
Galette de Feijão-Preto com Vinagrete de Quiabo 79
Galinha-d'angola com Sauté de Minifeijões do Tocantins 121
Hambúrguer de Feijão 131
Lasanha de Feijão 68
Lula Maravilha 98
Mexido de Feijão 74
Mix de Carne com Risoto de Feijão-Vermelho 134
Musse de Feijão-Manteiguinha de Santarém 35

Nakazuki 139
Nhoque dos Camponeses para
   Pavarotti 63
Panqueca Noite de Gala 85
Pastéis de Feijão 148
Pudim de Feijão com Maçã e
   Passas 144
Purê Doce de Feijão-Branco 141
Rasgados de Massa com Feijão
   à Romana 65
Ravióli de Feijão-Preto 77
Ravióli de Feijão-Branco com
   Lagostins 75
Risoto de Feijões com Parma e
   Porcini 72
Rolinho de Feijão com Banana 146
Rolinho Primavera de Feijão-Azuki
   43
Rosbife de Atum sobre Salada de
   Feijão 30
Salada d'Aldeia 42
Salada de Feijão-Fradinho com
   Bacalhau 55

Salada de Feijão-Verde, Camarões
   e Nozes 49
Salada de Feijões 41
Salada de Polvo e Feijão-Branco 54
Salada em Preto e Branco 45
Salteado de Atum Fresco com
   Feijão 93
Saudade da Roça 39
Sopa de Feijão-Branco com
   Camarões 94
Sopa de Pedra 32
Sopa Fria de Feijão 61
Suflê de Feijão 33
Tacu Tacu de Mariscos e Feijão
   112
Tartar de Grãos com Camarões
   44
Tempura de Broto de Feijão com
   Guacamole Oriental 59
Tortinhas de Feijão 150
Trouxinha de Feijão-Carioquinha
   132
Tutu de Feijão 58

RELAÇÃO DOS RESTAURANTES ASSOCIADOS

ALAGOAS

Akuaba
Tel.: (82) 325-6199

Divina Gula
Tel.: (82) 235-1016

Wanchako
Tel.: (82) 327-8701

AMAPÁ

Cantina Italiana
Tel.: (96) 225-1803

CEARÁ

Moana
Tel.: (85) 263-4635

Marcel
Tel.: (85) 219-7246

DISTRITO FEDERAL

Alice
Tel.: (61) 368-1099

ESPÍRITO SANTO

Oriundi
Tel.: (27) 3227-6989

Papaguth
Tel.: (27) 3324-0375

MATO GROSSO DO SUL

Fogo Caipira
Tel.: (67) 324-1641

MINAS GERAIS

A Favorita
Tel.: (31) 3275-2352

Dona Derna
Tel.: (31) 3225-8047

La Victoria
Tel.: (31) 3581-3200

Splendido Ristorante
Tel.: (31) 3227-6446

Taste Vin
Tel.: (31) 3292-5423

Vecchio Sogno
Tel.: (31) 3292-5251

Viradas do Largo
Tel.: (32) 3355-1111

Xapuri
Tel.: (31) 3496-6455

PARÁ

Dom Giuseppe
Tel.: (91) 241-1146

Lá em Casa
Tel.: (91) 223-1212

PARANÁ

Boulevard
Tel.: (41) 224-8244

Famiglia Caliceti-Bologna
Tel.: (41) 223-7102

PERNAMBUCO

Beijupirá
Tel.: (81) 3552-2354

Chez Georges
Tel.: (81) 3326-1879

Garrafeira
Tel.: (81) 3466-9192

Kojima
Tel.: (81) 3328-3585

Oficina do Sabor
Tel.: (81) 3429-3331

Quina do Futuro
Tel.: (81) 3241-9589

RIO DE JANEIRO

Banana da Terra
Tel.: (24) 3371-1725

Borsalino
Tel.: (21) 2491-4288

Carême Bistrô
Tel.: (21) 2226-0093

Casa da Suíça
Tel.: (21) 2252-5182

Emporium Pax
Tel.: (21) 2559-9713

Esch Cafe (Centro)
Tel.: (21) 2507-5866

Esch Cafe (Leblon)
Tel.: (21) 2512-5651

Galani
Tel.: (21) 2525-2525

Giuseppe
Tel.: (21) 2509-7215

Gosto com Gosto
Tel.: (24) 3387-1382

La Sagrada Familia
Tel.: (21) 2252-2240

Locanda della Mimosa
Tel.: (24) 2233-5405

Margutta
Tel.: (21) 2259-3887

Mistura Fina
Tel.: (21) 2537-2844

O Navegador
Tel.: (21) 2262-6037

Parador Valencia
Tel.: (24) 2222-1250

Pax
Tel.: (21) 2522-8009

Quadrifoglio
Tel.: (21) 2294-1433

Rancho Inn
Tel.: (21) 2263-5197

Sawasdee
Tel.: (22) 2623-4644

Sushi Leblon
Tel.: (21) 2274-1342

RIO GRANDE DO SUL

Calamares
Tel.: (51) 3346-8055

La Caceria
Tel.: (54) 286-2544

Taverna Del Nonno
Tel.: (54) 286-1252

SANTA CATARINA

Bistrô D'Acampora
Tel.: (48) 235-1073

SÃO PAULO

Amadeus
Tel.: (11) 3061-2859

Arábia
Tel.: (11) 3061-2203

Cantaloup
Tel.: (11) 3078-9884

Ilha Deck
Tel.: (12) 3896-1489

Empório Ravióli
Tel.: (11) 3846-2908

Ludwig
Tel.: (12) 3663-5111

Marcel (Brooklin)
Tel.: (11) 5504-1604

Marcel (Jardins)
Tel.: (11) 3064-3089

Nakombi
Tel.: (11) 3845-9911

Vila Bueno
Tel.: (19) 3867-3320

Vinheria Percussi
Tel.: (11) 3088-4920

SERGIPE

La Tavola
Tel.: (79) 211-9498

VARIG NO MUNDO
Tel.: (21) 3814-5859

Associação dos
Restaurantes da
Boa Lembrança
Tel.: (81) 3463-0351
www.boalembranca.com.br

SOBRE OS AUTORES

Nana Moraes

Danusia Barbara

Jornalista carioca, prova do bom e do melhor em todas as partes do mundo. Da Amazônia a Mianmar, do Canadá ao Zimbábue, dos Estados Unidos às Ilhas Maurício, da Europa à América do Sul, dos pampas gaúchos à Tailândia e ao Oriente Médio, lugares por onde passou, **Danusia Barbara** pesquisa sabores, gostos, texturas, contrastes, sensações. Há vinte anos escreve o *Guia Danusia Barbara*, sobre os restaurantes do Rio.

É autora dos livros *Rio, sabores & segredos*; *Tomate*; *Berinjela*; *Porco*; *Batata*; *Satyricon – O mar à mesa*, *A borrachinha que queria ser lápis* (infantil) e *Roteiro turístico-cultural das praias do Rio de Janeiro*. Mestre em Poética pela Universidade Federal do Rio de Janeiro (UFRJ) e com cursos na Columbia University, Nova York, colabora em várias publicações com artigos sobre suas aventuras gastronômicas.

O *site* oficial da autora está disponível em <www.danusiabarbara.com>.

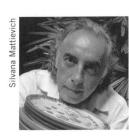

Sergio Pagano

Italiano de Milão, o fotógrafo começou sua carreira naquela cidade, em 1970, com ensaios para as principais revistas de decoração, agências de publicidade e galerias de arte. Em 1978, **Sergio Pagano** foi para Paris, onde morou por nove anos, durante os quais se dedicou a fotografar concertos de *rock* e seus artistas. Foi essa especialidade que o trouxe ao Rio de Janeiro, para fotografar o Rock in Rio.

Em 1986, mudou-se definitivamente para o Brasil, onde tem realizado trabalhos de fotografia nas áreas de decoração, arquitetura e gastronomia. Esses mesmos temas também lhe renderam mais de vinte livros publicados. Entre eles destacam-se *Tomate*, *Berinjela*, *Porco* e *Batata*, da Associação dos Restaurantes da Boa Lembrança e Danusia Barbara, e os volumes da coleção *Receita Carioca*.

Em setembro de 2003, foi lançado o *site* <www.sergiopagano.com.br>, no qual estão disponíveis alguns de seus trabalhos.

Associação dos Restaurantes da Boa Lembrança

Criada em 2 de março de 1994, a **Associação dos Restaurantes da Boa Lembrança** busca a alegria gastronômica em todos os níveis. Entre as suas inovações está a distribuição de pratos de cerâmica pintados à mão a todos que saboreiam uma das opções do cardápio dos restaurantes filiados. E mais: fornece aos clientes o passaporte para a obtenção de garrafas de champanhe; organiza jantares especiais; incentiva o turismo no Brasil; realiza festivais de comidas e bebidas; está presente nos vôos de primeira classe da Varig; promove congressos nacionais e também fomenta o Clube do Colecionador, pelo qual é possível trocar experiências, receitas e até mesmo os cobiçados pratos. Tudo isso para deixar gravada na memória a "boa lembrança" do que sempre ocorre quando se freqüenta um dos seus restaurantes em todo o Brasil. De Belém a Santa Catarina, de Maceió a São Paulo, de Pernambuco ao Rio de Janeiro ou a Belo Horizonte: qualidade é a meta. Por isso, os filiados à Associação não se apressam em crescer. Seu objetivo é a integração da diversificada culinária do nosso país.

CIP-BRASIL.CATALOGAÇÃO-NA-FONTE
SINDICATO NACIONAL DOS EDITORES DE LIVROS, RJ.

B184f

Barbara, Danusia, 1948–
  Feijão.
/ texto Danusia Barbara ; fotos Sergio Pagano ; [produção das receitas e *food style* Sergio Pagano e Associação dos Restaurantes da Boa Lembrança]. – Rio de Janeiro: Editora Senac Rio, 2005.
  168p. : il. ; . –(Aromas e Sabores da Boa Lembrança ; 2)

13cm x 18cm

Apêndices
Inclui bibliografia
ISBN- 85-87864-68-8

1. Culinária (feijão). 2. Feijão – Variedades.
I. Pagano, Sergio, 1949–. II. Associação dos Restaurantes da Boa Lembrança. III. Título. IV. Série.

05-1108.   CDD 641.65642
                                            CDU 641.56:635.652

Este livro foi composto por Silvana Mattievich
em Trade Gothic e impresso em papel
Pólen Rustic Areia 90g/m², nas oficinas da Gráfica Minister,
para a Editora Senac Rio, em abril de 2005.